无人机遥感与智慧农业信息提取

张东辉 刘涛 张寰 侯亮 编著

 化学工业出版社

·北京·

内容简介

本书以小麦、果树、玉米、水稻和林木等无人机遥感作物信息数据为例,介绍了可见光、多光谱、高光谱和激光雷达等传感器的数据获取、预处理和信息提取技术。并按照形态、生理生化、胁迫和产量4类信息,详细阐述了株数和株高、冠层覆盖度、作物倒伏、不同生育期状况、叶面积指数、作物系数、叶绿素含量、营养元素含量、异常因素胁迫、病虫害、作物衰老、净同化率、蛋白质含量、生物量等14项子信息提取技术,并提出了一套实现"无人机遥感+智慧农业"的解决方案。

本书可供高等院校农业、林业、遥感、GIS和无人机应用等相关专业师生参考阅读,也可作为智能智造、大数据、图像处理技术和高新技术应用等相关领域研究人员的参考用书。

图书在版编目(CIP)数据

无人机遥感与智慧农业信息提取 / 张东辉等编著
. 一北京:化学工业出版社,2022.10(2023.11重印)
ISBN 978-7-122-42037-4

Ⅰ.①无… Ⅱ.①张… Ⅲ.①无人驾驶飞机-航空遥感-应用-农业-信息资源-信息获取 Ⅳ.①F302.4

中国版本图书馆 CIP 数据核字(2022)第 153637 号

责任编辑:孙高洁 刘 军 装帧设计:关 飞
责任校对:王鹏飞

出版发行:化学工业出版社
　　　　　(北京市东城区青年湖南街 13 号　邮政编码 100011)
印　　装:北京盛通数码印刷有限公司
710mm×1000mm　1/16　印张 11¼　字数 208 千字
2023 年 11 月北京第 1 版第 2 次印刷

购书咨询:010-64518888　　　售后服务:010-64518899
网　　址:http://www.cip.com.cn

凡购买本书,如有缺损质量问题,本社销售中心负责调换。

定　　价:88.00元　　　　　版权所有　违者必究

前 言

在新一轮互联网信息技术大发展的现今，无人机、大数据、人工智能、物联网等新兴技术在各行各业都处于大爆发的前夜。在党的十九大会议上，习近平总书记提出的"推动互联网、大数据、人工智能和实体经济深度融合"的精神，指明了我国农林领域建设智慧农业的发展方向。智慧农业方面的研究，不仅符合国家政策的引导，而且越来越多的研究机构也更加积极主动地参与到智慧农业的建设当中，以具体农业应用和云计算为切入点，通过开放的合作模式来推动智慧农业的建设。

未来智慧农业的研究将呈现三大趋势：第一，大数据为王。未来的智慧农业需要实现数据收集、传递、计算和分享一体化操作。无人机遥感是重要的数据获取源之一，为智慧农业提供基础的作物大数据。通过在海量数据中瞬时抓取有价值的信息，提高精准农业的决策效率。第二，移动互联融入农业生产。未来的智慧农业通过远程协作，可一键实现施肥、灌溉、驱虫和收获等操作，这些技术的后台支持，是在大量的包括无人机遥感在内的多传感器数据分析基础上训练得出的智慧模型，加快农业全面进入移动互联时代。第三，更加智能化。随着智慧农业各个子系统进程的推进，建设"智能、集约、节能、绿色"的智慧农业，将成为提升农作物生产力和竞争力的有效途径，可促进农业生产活动在人类智慧的驱动下优化运行，最大限度地提高作物产量和质量。

我国各地结合实际情况，都正在或者初步建立起一系列涵盖农业、林业、畜牧、水产的智慧农业大数据应用示范工程。这些示范工程与特色农业智慧小镇、农业智慧物流基地以及农产品智慧市场等技术，对生产力的提升和生产关系的改进均已发挥了很好的作用。而无人机遥感技术作为一种空间大数据获取手段，能够从多时、多维、多地等角度，获取大量的农情数据。数据具有面状、实时、非接触、无伤检测等显著优势，是智慧农业必须采用的重要技术之一。

本书梳理了目前我国无人机遥感在智慧农业信息提取领域的综合态势，对无人机平台的性能、机载传感器指标、地面传感器应用、农林遥感光谱指数、农林光谱建模方法进行了大量的分析。在此基础上，按照形态、生理生化、胁迫、产量等4大类信息提取目标，从理论和实践两方面进行了详细的分析。并对4大类信息中的14个子信息，即株数和株高、冠层覆盖度、作物倒伏、不同生育期状况、叶面积指数、作物系数、叶绿素含量、营养元素含量、异常因素胁迫、病虫害、作物衰老、净同化率、蛋白质含量、生物量，都进行了智慧信息提取的试验。

本书将遥感技术、数学建模、制图方法和机器学习方法进行了融会贯通，涉及的技术包括：阈值分割技术、属性计算技术、数字表面模型技术、变化检测技术、多元线性回归技术、多项式回归技术、相关性分析技术、间接提取技术、异常信息提取技术、农作物胁迫信息提取技术、森林健康提取技术、面向对象图谱合一提取技术、多指数决策树技术、人工智能信息提取技术等。单独运用这些技术，可以提取有价值的信息，若组合各技术，将会提取出更加有研究价值的新信息。本书为每种方法和技术均提供了样例数据，并附详细的操作步骤，有助于相关领域研究人员快速掌握每一项技术。

智慧农业的提出和发展，对保障国家粮食安全、加快乡村振兴和建设绿色生态中国都具有重要作用。希望本书提出的一些基于无人机实现的空间信息计算思路，能够达到抛砖引玉的效果，为将来云计算、万物互联、无人值守农业等多种应用场景提供更多有价值的启发。

本书有偿提供试验数据和配套视频教程（联系人微信号：LYM523111）。作者的知乎账号为遥感张东辉，欢迎在线交流。

著者
2022 年 3 月

目录

第 1 章 / 001
绪 论

1.1 智慧农业+遥感信息 / 001
1.2 研究区及作物品种 / 002
1.2.1 形态指标 / 002
1.2.2 生理生化指标 / 003
1.2.3 胁迫指标 / 003
1.2.4 产量指标 / 003
1.2.5 综合分析 / 004
1.3 无人机平台 / 005
1.4 无人机机载传感器 / 007
1.5 地面传感器 / 010
1.6 农林遥感光谱指数 / 012
1.7 农林业建模方法 / 014

第 2 章 / 017
农作物形态信息提取

2.1 株数和株高——阈值分割技术 / 017
2.1.1 原理 / 017
2.1.2 无人机数据 / 019
2.1.3 波段指数计算 / 019
2.1.4 阈值分割 / 020
2.1.5 后处理 / 023
2.1.6 株数统计、查询和制图 / 023
2.2 冠层覆盖度——属性计算技术 / 026
2.2.1 原理 / 026
2.2.2 无人机数据 / 027
2.2.3 导出面积数据 / 028
2.2.4 计算冠层覆盖度 / 028
2.3 作物倒伏——数字表面模型技术 / 030
2.3.1 原理 / 030
2.3.2 无人机数据 / 032
2.3.3 对齐照片 / 033

2.3.4 建立密集点云 / 033
2.3.5 生成网格 / 034
2.3.6 生成纹理 / 034
2.3.7 生成数字表面模型 / 036
2.3.8 导出 DEM 数据和正射数据 / 038
2.3.9 分析株高和作物倒伏 / 038
2.4 不同生育期状况——变化检测技术 / 040
2.4.1 理论和方法 / 040
2.4.2 无人机数据 / 042
2.4.3 变化检测工作流 / 042
2.4.4 不同生育期结果分析 / 045

第 3 章 / 046

农作物生理生化信息提取

3.1 叶面积指数——多元线性回归技术 / 046
3.1.1 原理 / 046
3.1.2 无人机数据 / 048
3.1.3 地面实测数据 / 049
3.1.4 假设条件 / 049
3.1.5 植被指数提取 / 050
3.1.6 数据整理 / 051
3.1.7 建立反演模型 / 053
3.1.8 数字制图 / 055
3.2 作物系数——多项式回归技术 / 056
3.2.1 原理 / 056
3.2.2 无人机数据 / 057
3.2.3 地面实测数据 / 057
3.2.4 假设条件 / 057
3.2.5 归一化水分指数提取 / 058
3.2.6 数据整理 / 058
3.2.7 建立反演模型 / 060

3.2.8 数字制图 / 061
3.3 叶绿素含量——相关性分析技术 / 062
3.3.1 原理 / 062
3.3.2 无人机数据 / 064
3.3.3 地面实测数据 / 064
3.3.4 假设条件 / 065
3.3.5 数据采集与整理 / 065
3.3.6 相关性分析 / 067
3.3.7 建立回归方程 / 071
3.3.8 数字制图 / 071
3.4 营养元素含量——间接提取技术 / 072
3.4.1 原理 / 072
3.4.2 无人机数据 / 074
3.4.3 地面实测数据 / 075
3.4.4 假设条件 / 076
3.4.5 回归分析 / 076
3.4.6 数字制图 / 077

第 4 章 / 078

农作物胁迫
信息提取

4.1 异常因素胁迫——异常信息提取技术 / 078
4.1.1 原理 / 078
4.1.2 无人机数据 / 080
4.1.3 建立遮掩层 / 080
4.1.4 异常信息提取流程 / 082
4.1.5 数字制图 / 084
4.2 病虫害——农作物胁迫信息提取技术 / 085
4.2.1 原理 / 085
4.2.2 无人机数据 / 087
4.2.3 胁迫提取 / 088
4.2.4 数字制图 / 088

4.3 作物衰老——森林健康提取技术 / 089
4.3.1 原理 / 089
4.3.2 无人机数据 / 090
4.3.3 衰老信息提取 / 090
4.3.4 数字制图 / 091

第 5 章 / 092

农作物产量信息提取

5.1 净同化率——面向对象图谱合一提取技术 / 092
5.1.1 原理 / 092
5.1.2 无人机数据 / 093
5.1.3 地面实测数据 / 094
5.1.4 建立基于样本的规则 / 095
5.1.5 农田分割与合并 / 096
5.1.6 特征提取 / 096
5.1.7 数字制图 / 100
5.2 蛋白质含量——多指数决策树技术 / 101
5.2.1 原理 / 101
5.2.2 无人机数据 / 102
5.2.3 地面实测数据 / 102
5.2.4 作物多种指数计算 / 103
5.2.5 采集指数数据 / 109
5.2.6 建立决策树 / 110
5.2.7 运行决策树 / 113
5.3 生物量——人工智能信息提取技术 / 114
5.3.1 原理 / 114
5.3.2 数据集说明 / 116
5.3.3 上传数据 / 117
5.3.4 图片标注 / 119
5.3.5 模型训练 / 121

5.3.6 校验模型 / 121
5.3.7 识别未知生物量图片 / 123

第 6 章 / 125
应用实例

6.1 无人机获取数据的前期准备工作 / 125
6.1.1 项目需求设计 / 125
6.1.2 传感器定标 / 126
6.1.3 无人机机载飞行作业 / 127
6.1.4 地面测量 / 127
6.2 提取反射率均值 / 128
6.2.1 提取树冠 / 129
6.2.2 提取每棵树的反射率均值 / 133
6.3 制作田块状遥感信息结果图 / 135
6.3.1 勾画或者生成田块边界信息 / 136
6.3.2 选择算法提取边界内部信息数据 / 142
6.3.3 设置级别进行制图 / 144
6.4 通过光谱数据比对实现陌生作物的鉴别 / 147
6.4.1 获取一条未知光谱 / 148
6.4.2 打开光谱库 / 150
6.4.3 鉴别未知农作物 / 152
6.5 "空-地"高光谱数据协同下的农作物品种精细分类 / 155
6.5.1 "空-地"数据情况 / 155
6.5.2 基于地面数据的农作物品种分类 / 160
6.5.3 结果分析 / 164

参考文献 / 166

第1章

绪 论

1.1 智慧农业+遥感信息

随着现代信息技术的飞速发展,各行各业都开始探讨"智慧",智慧农业也应运而生,成为一种将现代信息技术与传统农业深度融合的数字化农业方式。无人机遥感机动灵活、分辨率高、操作简单,能够用较小的成本,快速、无损和精准地提取农业关键信息,已经显示出强大的生命力。智慧农业与遥感信息结合,展现出明显的优势,概括为以下四点:

① 多。遥感信息为智慧农业提供多源数据。遥感数据具有多光谱、多期、高空间分辨率的特性,遥感技术本身具有多信息的属性。遥感信息与农业进行结合,可见光能够低成本地实现对株高、作物倒伏和叶面积指数的估算;多光谱的红外波段,对于土壤湿度和不同生育期作物状况具有显著的特征表达;高光谱连续且纳米级的波段划分,对于叶面积指数、营养元素估算和作物估产等多个方面,都具有很好的应用效果;热红外遥感在夜间可以连续监测作物,对作物净同化率、水分胁迫等信息监测效率较高;激光雷达主动发送电磁波,在植株高度、倒伏和生物量估算上,精度都达到了实用级别。

② 快。遥感信息能显著提高智慧农业信息提取速度。传统的取样、化验、建模和插值方法,需要漫长的等待周期,已经满足不了现代农业的需求,尤其是

在病虫害等胁迫信息产生后，制约着作业效率。在遥感技术的支持下，利用无人机1天可以获取上千亩的农田数据，在大型服务器的保障下，能够大幅度提高数据采集和信息提取效率。

③ 好。遥感信息反演精度能够得到不断提高。随着农业遥感数据的不断积累，先验知识的逐步完善，遥感数据的提取精度得到不断提高，使得其反演的精准度达到实用化的要求。遥感数据将成为气象数据、水文数据和其他作物生长数据的有力补充，有助于加快全面实现智慧农业的进程。

④ 省。遥感信息实用化后能够降低农业生产成本。目前的遥感数据获取、处理和信息提取，尚需要大量的人力参与，达不到自动化的农业应用要求。建立遥感数据的分析模型，并应用于大量作物生产中，能够极大地降低遥感数据的使用难度；农户还可以根据遥感信息，定时、定点、定量施肥和浇水，提取病虫害信息，对作物进行科学估产，从而实现农业生产成本的大幅降低。

1.2 研究区及作物品种

1.2.1 形态指标

形态指标包括株数与株高、冠层覆盖度、作物倒伏和不同生育期状况4种。近年来，采用无人机遥感手段，对玉米、小麦和水稻等粮食作物形态指标方面的研究相对较多（图1-1）。原因一方面是，粮食作物是人类主要食物来源，种植广泛；另一方面是，在估产和作物倒伏监测等领域，急需应用无人机遥感技术提取信息。研究区主要集中在东北、华北和华东地区，分别主要开展水稻、小麦和玉

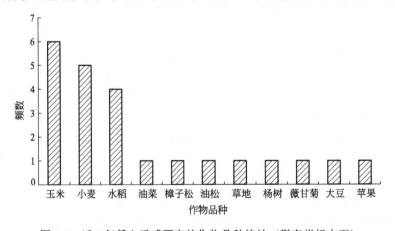

图1-1 近5年低空遥感研究的作物品种统计（形态指标方面）

米、水稻和大豆形态特征分析相关的研究工作。

1.2.2 生理生化指标

生理生化指标包括叶面积指数、作物系数、叶绿素含量和营养元素含量4种。目前，应用无人机遥感技术，对小麦、玉米、水稻和棉花等作物生理生化指标方面的研究相对较多（图1-2）。大量研究表明，小麦的叶面积指数和叶绿素含量与其产量密切相关，使得其生理生化指标的提取成为一个研究热点。研究区主要集中在我国北方地区，尤其是华北地区。西北地区在低空遥感领域重点研究棉花的生理生化指标，华北和东北地区则以小麦、玉米和大豆的研究为主。

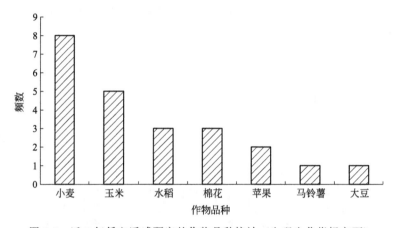

图1-2　近5年低空遥感研究的作物品种统计（生理生化指标方面）

1.2.3 胁迫指标

胁迫指标包括异常因素胁迫、病虫害和作物衰老3种。小麦和水稻是利用无人机遥感手段研究其胁迫指标较多的作物种类，对棉花、茶叶和草地的研究也较多（图1-3）。小麦和水稻作为粮食作物，易受冻害、病虫害和其他灾害的影响，无人机遥感胁迫研究能够为灾害监测提供及时的数据支持。研究区主要集中在西北、华中和华东地区。西北地区以棉花和草地胁迫监测研究为主，华中地区关注点在小麦，而华东地区则重点研究茶叶和水稻等作物的受胁迫情况。

1.2.4 产量指标

产量指标包括净同化率、蛋白质含量和生物量3种。近年来，采用无人机遥

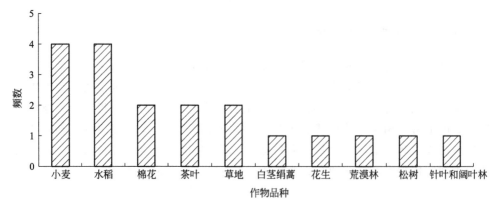

图 1-3 近 5 年低空遥感研究的作物品种统计（胁迫指标方面）

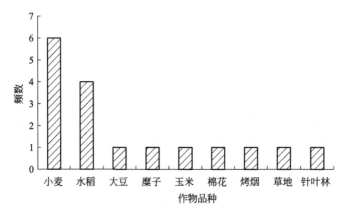

图 1-4 近 5 年低空遥感研究的作物品种统计（产量指标方面）

感手段研究作物产量指标，小麦和水稻是研究较多的作物种类（图 1-4）。小麦和水稻作为粮食作物，需要快速评价其光合作用效率和生物量情况，其产量预测数据成为国家粮食安全的重要保障。研究区主要集中在西北、华北和华东地区。西北地区以棉花和草地产量指标监测研究为主，华中地区在小麦、烤烟、大豆等作物估产中取得了显著的效果，而华东地区重点研究的是水稻。

1.2.5　综合分析

对无人机遥感技术应用在农林信息提取领域的作物进行综合统计，可以得出目前我国这一领域研究热点的分布情况（图 1-5）。小麦、水稻和玉米的相关研究超过了研究总数的 60%，可见这三种粮食作物是目前主要的探索和应用领域。随着研究的深入，无人机遥感在棉花、草地、油松、大豆和苹果等作物上的应用加起来也达到了 24%，是目前低空遥感的主要进军方向。对于茶叶、林木、油菜等作物，相关研究尚处于探索阶段，个别领域已经展现出较大的应用潜力和良好的效果。

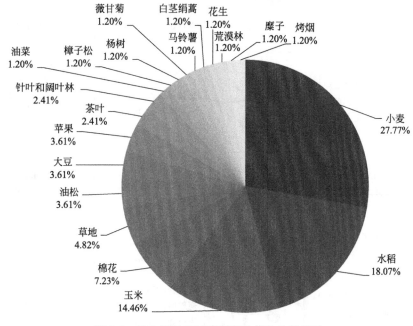

图 1-5　近 5 年低空遥感研究的作物品种统计

从研究区角度分析，目前低空遥感技术在我国呈现出全面发展的态势，在主要的粮食和经济作物产区都有大量的应用。除了西南地区相关研究较少外，各个地区都在实际应用领域开展了大量的工作。

1.3　无人机平台

分析目前常用于农林行业的无人机平台（表 1-1），旋翼无人机是主流的应用机型，特点是起降方便、相对安全、载荷相对较大、悬停成像稳定等。这类无人机在试验田类和小面积样区数据获取中，得到大量应用。不足之处是飞行速度不快，巡航时间过短，大多数机型仅能有效作业 30min。

在大面积监测和林业方面，固定翼无人机具有飞行速度快、巡航时间相对较长、获取数据量相对较多的特点（图 1-6），在生物量监测、作物倒伏和不同生育期状况评价中应用广泛。

表 1-1　农林业遥感使用的无人机的性能与农业应用领域

序号	无人机名称	外观	性能	农业应用领域
1	大疆 M600 PRO		载荷:6kg 巡航时间:32min 飞行速度:18m/s	株数和株高 不同生育期状况 叶面积指数 作物系数 叶绿素含量
2	大疆 SPREADING WINGS S1000 八旋翼电动无人机		载荷:11kg 巡航时间:15min	株数和株高 叶面积指数 叶绿素含量 营养元素含量 净同化率 生物量
3	大疆 INSPRIE 1 型四旋翼无人机		载荷:4.25kg 巡航时间:27min 巡航距离:6km	株数和株高 作物衰老
4	大疆精灵 4 专业版 Phantom4 pro		载荷:1.38kg 巡航时间:28min 飞行速度:20m/s	株数和株高
5	大疆"悟"系列第二代四旋翼航拍机		载荷:4.25kg 巡航时间:27min 飞行速度:26m/s	病虫害
6	大疆 S900 六悬翼无人机		载荷:8.2kg 巡航时间:18min 飞行速度:26m/s	营养元素含量 病虫害
7	天鹰 680 型四旋翼无人机		载荷:2kg 巡航时间:50min	冠层覆盖度
8	3DR Solo 四旋翼无人机		载荷:1kg 巡航时间:20min	营养元素含量
9	Free Bird 小型电动无人机		载荷:2.4kg 巡航时间:60min 飞行速度:15m/s	作物倒伏
10	SenseFly eBee Ag 农用固定翼无人机		载荷:1kg 巡航时间:90min 飞行速度:30m/s	不同生育期状况 生物量

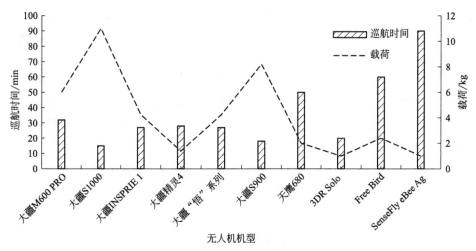

图 1-6　应用于农业信息提取的无人机的巡航时间对比

1.4　无人机机载传感器

总结目前在农林业应用的传感器类型，真彩色、多光谱和高光谱都在一定程度上实现了定量遥感的需求（图 1-7）。三波段相机主要的生产厂商有索尼、佳

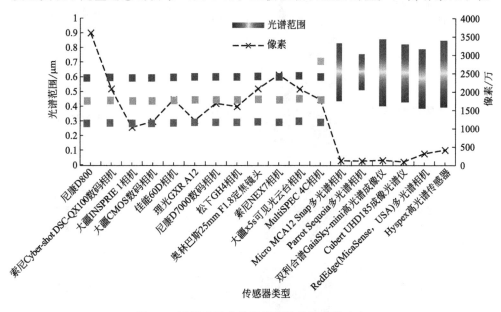

图 1-7　适用于无人机数据获取的传感器对比

能、大疆和松下等；多光谱以美国生产的 MultiSPEC 4C 相机为主；高光谱则以 Cubert UHD185 和 Hyspex 成像光谱仪为代表；国产的 GaiaSky-mini 高光谱成像仪各项性能都具有显著优势。

在分辨率方面，真彩色相机像素要远远高于多光谱和高光谱相机。真彩色相机像素一般大于 1000 万，多光谱和高光谱相机像素普遍介于 100 万～150 万（表 1-2）。所有的高光谱传感器，光谱范围均介于 0.4～1μm 之间，这段波谱是农作物的典型特征波段，能够满足大部分的农业应用需求。

表 1-2　农林业遥感使用的传感器的性能与农业应用领域

序号	传感器名称	外观	性能	农业应用领域
1	尼康 D800		波段：红、绿、蓝 像素：3615 万	株数和株高 不同生育期状况
2	索尼 Cyber-shot DSC-QX100 数码相机		波段：红、绿、蓝 像素：2090 万	株数和株高 冠层覆盖度 叶面积指数 营养元素含量 净同化率
3	大疆 INSPRIE 1 相机		波段：红、绿、蓝 像素：1040 万	株数和株高
4	大疆 CMOS 数码相机		波段：红、绿、蓝 像素：1200 万	株数和株高
5	佳能 60D 相机		波段：红、绿、蓝 像素：1800 万	冠层覆盖度 不同生育期状况 生物量
6	理光 GXR A12		波段：红、绿、蓝 像素：1230 万	作物倒伏

续表

序号	传感器名称	外观	性能	农业应用领域
7	尼康 D7000 数码相机		波段：红、绿、蓝 像素：1690 万	营养元素含量
8	松下 GH4 相机		波段：红、绿、蓝 像素：1605 万	病虫害
9	奥林巴斯 25mm F1.8 定焦镜头		波段：红、绿、蓝 像素：2088 万	病虫害
10	索尼 NEX7 相机		波段：红、绿、蓝 像素：2470 万	病虫害
11	大疆 x5s 可见光云台相机		波段：红、绿、蓝 像素：2080 万	衰老指数
12	MultiSPEC 4C 相机		波段：绿（G_{550}）、红（R_{660}）、红边（REG_{735}）和近红外（NIR_{790}） 像素：1800 万	不同生育期状况
13	Micro-MCA 12 Snap 多光谱相机		波段：470～950nm 像素：131 万	生物量
14	Parrot Sequoia 多光谱相机		波段：绿（G_{550}）、红（R_{660}）、红边（REG_{735}）、近红外（NIR_{790}） 像素：123 万	不同生育期状况 叶绿素含量

第 1 章 绪 论

续表

序号	传感器名称	外观	性能	农业应用领域
15	双利合谱 Gaia-Sky-mini 高光谱成像仪		波段：400～1000nm 光谱分辨率：4nm 全幅像素：145 万	不同生育期状况
16	Cubert UHD185 成像光谱仪		波段：450～950nm 光谱分辨率：4nm 像素：100 万	叶面积指数 营养元素含量 净同化率
17	RedEdge（MicaSense, USA）多光谱相机		波段：400～900nm （蓝、绿、红、红边、近红外） 像素：320 万	作物系数 营养元素含量
18	Hyspex 高光谱传感器		波段：400～1000nm 光谱分辨率：3.26nm 像素：420 万	异常胁迫

1.5 地面传感器

地面传感器的主要作用是，通过测量小样区作物的各指标，与无人机传感器所采集的信息进行一一对应建模。地面传感器所测各指标数据的精度，直接决定了模型的精度。目前农林业遥感使用的地面传感器（表 1-3）中，应用最广泛的是 SPAD-502 分析仪和 Buchi B-339 凯氏定氮仪，分别用来测量叶绿素含量和全氮含量。高光谱传感器以 ASD 系列产品为主，用于地面近距离采集光谱数据后，分析作物的特征波段，对无人机传感器进行标定等。

表 1-3　农林业遥感使用的地面传感器的性能与农业应用领域

序号	地面传感器名称	外观	测量值或光谱范围	农业应用领域
1	SPAD-502 分析仪		测量值：叶绿素含量	株数和株高 冠层覆盖度 叶绿素含量 营养元素含量

续表

序号	地面传感器名称	外观	测量值或光谱范围	农业应用领域
2	Buchi B-339 凯氏定氮仪		测量值:全氮含量	不同生育期状况 营养元素含量
3	CI-203 型激光叶面积仪		测量值:叶面积	不同生育期状况
4	LI-3000C 面积仪		测量值:叶面积	作物系数
5	Elementar 元素分析仪		测量值:全氮含量	营养元素含量
6	GFS-3000 光合作用测定系统		测量值:叶片光合参数	病虫害
7	AvaField-3 FieldSpec 地物光谱仪		光谱范围:300～2500nm	冠层覆盖度
8	ASD FieldSpec FR2500 光谱仪		光谱范围:350～2500nm	冠层覆盖度 作物倒伏 不同生育期状况 叶面积指数 叶绿素含量 异常因素胁迫 净同化率 蛋白质含量
9	FieldSpec HandHeld 光谱仪		光谱范围:350～1050nm	作物倒伏 叶面积指数 营养元素含量 异常胁迫 病虫害

续表

序号	地面传感器名称	外观	测量值或光谱范围	农业应用领域
10	ASD FieldSpec Pro 光谱仪		光谱范围：350～2500nm	作物倒伏 不同生育期状况 叶面积指数 叶绿素含量 营养元素含量 异常因素胁迫 作物衰老 病虫害
11	SVC HR-1024i 地物波谱仪		光谱范围：350～2500nm	叶面积指数 营养元素含量
12	ImSpector V10E 高光谱图像摄像仪		光谱范围：500～2000nm	异常因素胁迫
13	SOC710 便携式高光谱成像光谱仪		光谱范围：400～1000nm	病虫害
14	InfratecTM 1241 近红外谷物分析仪		光谱范围：570～1100nm	蛋白质含量

1.6 农林遥感光谱指数

光谱指数的作用有两个，一是进行作物的分级分类，二是直接参与作物信息的建模。前者在遥感信息提取时，首先需要精细提取出作物的边界，将其与其他干扰地物进行区分，这些光谱指数需要极大地突出感兴趣作物，压制噪声像素；后者将各类光谱指数进行求解后，直接参与模型的构建，光谱指数成为模型的一个自变量，从严格意义上讲，这类光谱指数的目标是将特征波段进行科学组合。

总结目前国内外的各类光谱指数，有结构简单的，也有结构复杂的，大都是在一定机理支持下,通过大量统计数据得出的经验组合(表1-4),在使用前,需要研究人员进行详细地遴选和适用性分析。

表1-4 目前农林业遥感常用的指数模型

序号	指数名称	简写	公式
1	改进型线性外推红边位置	ALE	$(755R_{730}+675R_{700})/(R_{730}+R_{700})$
2	冠层叶绿素指数	CCI	R_{722}/R_{702}
3	彩色植被指数	CIVE	$0.441R-0.881G+0.3856B+18.787$
4	差值植被指数	DVI	$NIR-R$
5	增强型植被指数	EVI	$2.5\times(NIR-R)/(NIR+6R-7.5R_{454}+1)$
6	过绿指数	ExG	$2G-R-B$
7	过绿-过红指数	ExG-ExR	$3G-2.4R-B$
8	过红指数	ExR	$1.4R-G$
9	绿叶指数	GLI	$(2G-R-B)/(2G+R+B)$
10	绿色归一化差值植被指数	GNDVI	$(NIR-G)/(NIR+G)$
11	亮度	Int	$(R+G+B)/3$
12	改进三角形植被指数	MTVII	$1.2\times[1.2\times(NIR-G)-2.5\times(R-G)]$
13	归一化差值叶绿素指数	NDCI	$(R_{708}-R_{665})/(R_{708}+R_{665})$
14	归一化差值指数	NDI	$(R-G)/(R+G+0.01)$
15	归一化红边指数	NDRE	$(R_{790}-R_{720})/(R_{790}+R_{720})$
16	归一化植被指数	NDVI	$(NIR-R)/(NIR+R)$
17	归一化绿红差值指数	NGRDI	$(G-R)/(G+R)$
18	非线性植被指数	NLI	$(NIR-R)/(NIR+R)$
19	归一化红蓝差值指数	NRBDI	$(R-B)/(R+B)$
20	优化土壤调节植被指数	OSAVI	$1.16\times(NIR-R)/(NIR+R+0.16)$
21	植被色素比值指数	PPR	$(G-B)/(G+B)$
22	光化学植被指数	PRI	$(R_{531}-R_{570})/(R_{531}+R_{570})$
23	光合活力指数	PVR	$(R_{550}-R_{650})/(R_{550}+R_{650})$
24	红边位置	REP	$700+40\times[(R_{670}+R_{782})/2-R_{702}]/(R_{742}-R_{702})$
25	红色植被指数	RI	$(R-G)/(R+G)$
26	红边模型	RM	$R_{750}/R_{722}-1$
27	Read指数	RR	R_{415}/R_{695}
28	比值植被指数	RVI	NIR/R
29	饱和度	Sat	$1-[3\times\min(R,G,B)/(R+G+B)]$
30	土壤调整植被指数	SAVI	$(1+L)\times[(G-R)/(G+R+L)]$

续表

序号	指数名称	简写	公式
31	转化叶绿素吸收植被指数	TCARI	$3\times[(R_{700}-R_{670})-0.2\times(R_{700}-R_{550})(R_{700}/R_{670})]$
32	可见光大气阻抗植被指数	VARI	$(G-R)/(G+R-B)$
33	最优植被指数	VIOPT	$(1+0.45)(R_{802}^2+1)/(R_{670}+0.45)$
34	红边指数	VOG	R_{740}/R_{720}
35	沃贝克指数	WI	$(G-B)/(R-G)$

注：表中"$R_{数字下标}$"的符号，表示相应波长处的光谱反射率；R、G、B、NIR 分别为红波段、绿波段、蓝波段和近红外波段的光谱反射率。

1.7 农林业建模方法

目前农林业遥感参数与含量的建模方法主要有11种（表1-5），最常用的方法是相关性分析和偏最小二乘法（图1-8）。相关性分析能够将光谱参量与各指标含量进行关系紧密程度的评价，有利于发现光谱的作用机理，寻找光谱特征参量。而偏最小二乘法能够将这些光谱特征参量与各指标含量建立一个明确的回归方程，该方法的适用范围非常广泛，是农林行业多光谱和高光谱应用的基础方法。

表1-5 农林业遥感常用的建模方法

序号	模型	计算过程	农业应用领域
1	逐步回归法	①计算全部因子对实测值影响的作用大小，从大到小引入回归方程； ②随时对回归方程的变量进行检验，剔除不显著变量因子； ③直到既没有显著因子引入，也没有不显著因子需要剔除为止	株数和株高 冠层覆盖度 不同生育期状况 作物系数 异常因素胁迫
2	偏最小二乘法	①对数据进行标准化处理； ②计算相关系数矩阵； ③提取前 n 个主成分对实测值的解释程度； ④建立含量值与 n 个成分间回归方程； ⑤将这个方程还原成原始变量	株数和株高 作物倒伏 不同生育期状况 叶面积指数 营养元素含量 异常因素胁迫 蛋白质含量
3	随机森林	①随机抽样，训练光谱与化验值的关系，得到决策树； ②随机选择属性，将属性作为节点分裂属性； ③重复步骤②，直到决策树无法分裂； ④按步骤①～③建立大量的决策树，构成随机森林	株数和株高 作物倒伏 叶面积指数 异常因素胁迫

续表

序号	模型	计算过程	农业应用领域
4	分水岭算法	①将农田影像所有像素按灰度值分类,设定一个测地距离阈值; ②将最小灰度值作为起点,进行增长,这些增长点都将作为起点; ③随着水平面的增长,逐渐碰到相邻像素,测量这些像素到灰度值最低点的测地距离,若小于阈值,则将像素淹没,否则在像素上设置大坝,实现对相邻像素的分类; ④随着水平面的升高,生成更高的大坝,直到灰度值最大,所有区域都在分水岭线上相遇,这些大坝就对整个图像像素进行了分区	株数和株高
5	小波算法	①通过小波基函数将高光谱数据进行不同尺度分解; ②将小波通过平移、缩放等步骤后,将小波函数与原始信号进行匹配,得到小波系数; ③提取光谱的吸收特征和确定其吸收位置	作物倒伏 营养元素含量 病虫害 作物衰老
6	主成分分析	①将光谱参量进行标准化处理; ②计算光谱参量的相关性,相关性越大,则说明主成分处理的必要性越大; ③根据由协方差求得主成分贡献率、累积方差等,确定主成分个数; ④建立初始因子载荷矩阵,解释主成分	作物倒伏 叶面积指数 叶绿素含量 营养元素含量
7	支持向量机	①将光谱参量映射到高维特征向量空间; ②选取合适的映射函数,确定足够高的特征空间维数,将非线性可分的光谱特征转化为线性可分模式; ③在该特征空间构造最优超平面进行分类	作物倒伏 异常因素胁迫
8	神经网络	①对光谱参量和各指标含量进行初始化,随机给定连接权重和阈值; ②按照输入输出模式,对网络隐层、输出层进行输出; ③计算新的权重和阈值; ④返回第②步反复训练,直到网络输出误差满足要求,结束训练	作物倒伏 不同生育期状况 叶面积指数 叶绿素含量 生物量
9	相关性分析	①将实测值与光谱参量进行相关性统计,确定完全相关、不完全相关和不相关关系; ②确定相关的方向为正相关或负相关; ③确定相关形式是线性或非线性相关; ④计算光谱参量对各指标含量的影响程度,是单相关或是复相关	冠层覆盖度 不同生育期状况 叶面积指数 作物系数 叶绿素含量 营养元素含量 异常因素胁迫 病虫害 作物衰老 净同化率 蛋白质含量 生物量

第1章 绪 论

续表

序号	模型	计算过程	农业应用领域
10	深度学习	①选取和搭建模型; ②数据预处理,将数据规范化,形成计算机能够理解的数据; ③训练模型,形成可靠的模型; ④训练结果可视化,理解光谱和含量的作用关系; ⑤模型预测,对未知数据进行推测,评价学习的效果	叶绿素含量 病虫害 作物衰老
11	分形理论	①以固定宽度将作物轮廓覆盖起来; ②对框内轮廓的最大值和最小值求差; ③改变尺度,计算该尺度下的方差; ④重复步骤①～③,计算分形维数	异常因素胁迫 作物衰老

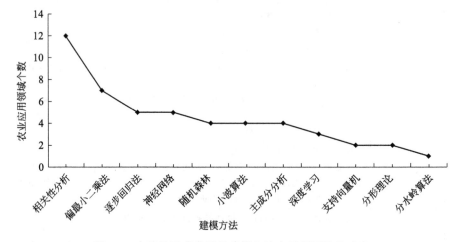

图 1-8　农林业遥感常用的建模方法应用领域数量对比

第 2 章

农作物形态信息提取

针对作物的形态指标,即株数和株高、冠层覆盖度、作物倒伏以及不同生育期状况,分别应用阈值分割技术、属性计算技术、数字表面模型技术和变化检测技术可以实现信息提取,这些技术也可以结合数据获取情况,实现交叉应用,从而取得更好的效果。

2.1 株数和株高——阈值分割技术

2.1.1 原理

农作物株数和株高信息的提取,能够评价出苗率、行距、株距的特征,间接反演作物长势,此外,株数和株高也是评价机械播种设备效果的关键指标之一。通过目标识别和特征提取,建立株数与株高形态特征的多元回归方程。实际应用中,数据获取高度介于 20~100m,空间分辨率达到厘米级(表 2-1)。

目标识别是为了将作物与背景(土壤或其他作物)分离开。不同的作物用到的植被指数是不同的,如对油菜影像进行基于颜色植被指数的目标识别时,建模用到的指数有:过绿指数($2G-R-B$)、过绿-过红指数($3G-2.4R-B$)、归一化绿-红差值指数$[(G-R)/(G+R)]$和绿叶指数$[(2G-R-B)/(2G+R+B)]$,经过对比分析，过绿-过红指数是油菜目标识别建模的最佳指数[1]。冬小麦由于生长期较长，将生长期分为拔节期、挑旗期、开花期和多生育期四个子生长期，并研究它们的识别指数，最终选取了24种图像指数，得到四个子生长期最适合冬小麦识别的指数[2]。除了指数模型的应用，色彩空间模型也被用于玉米株数信息的提取中，对比 RGB、HSV、YCbCr 模型的玉米信息提取精度发现，HSV 变换能够提取出相对精准的玉米植株信息，而且噪声点相对较少[3]。采用绿度分割 $[(R-G)/(R+G)]$，能够将樟子松林地完整地提取出来，为林分因子的分析奠定了基础[4]。

在目标识别的基础上，采用阈值分割的方法，将作物提取出来，去除椒盐噪声和误提像素后，转成矢量格式，从而实现快速的株数统计。关键处理方法是阈值的计算，对于影像轮廓不规则的作物，例如玉米和大豆，采用数学形态学原理，计算角点[3]；对于目标和田地灰度值差异较大的作物，采用直方图灰度统计法进行阈值计算[5]。此外，分水岭算法[4]、聚类[5] 等也是获取阈值的常用方法。

株高的计算采用的是数字表面模型的方式，在缺乏激光传感器的情况下，按照影像导入、同名像点对齐、生成密集点云、生成空间格网和纹理、得到数字表面模型的流程，获取作物的株高信息[2]。经过两期以上数据的获取，可以对比分析出作物的生长速度。对于不同树种，也可按照上述流程，从株高信息上实现无人机遥感分类[5]。具体计算方法见"2.3 作物倒伏——数字表面模型技术"。

表2-1 低空遥感技术在株数和株高提取中的应用

品种	地点	研究区面积	平台及传感器	飞行高度及分辨率	提取算法与建模方法	株数和株高计算模型
油菜	华中农业大学油菜试验基地	50m×25m	大疆 M600，尼康 D800	20m, 0.18cm×0.18cm	过绿、绿叶等4种波段组合指数，最大类间方差法	$y=0.318x_1-1.59x_2+0.01x_3+3.32$，其中，$y$ 为株数；x_1 为外接矩形的长宽比；x_2 为像素分布密度；x_3 为周长栅格数
冬小麦	北京市昌平区小汤山国家精准农业研究示范基地	84m×32m	八旋翼电动无人机，索尼 Cyber-shot DSC-QX100 数码相机	55m, 0.013m×0.013m	红光、绿光等24种波段组合指数，逐步回归法、偏最小二乘法、随机森林法	作物表面模型
玉米	北京市昌平区小汤山国家精准农业研究示范基地	21m×14m	DJ-S1000 八旋翼电动无人机，索尼 Cyber-shot DSC-QX100 数码相机	40m, 0.0625m×0.0625m	RGB、HSV 等4种色彩空间变换模型，Harris 角点检测	膨胀模型

续表

品种	地点	研究区面积	平台及传感器	飞行高度及分辨率	提取算法与建模方法	株数和株高计算模型
樟子松	东北林业大学城市林业示范基地	5037m²	大疆 INSPRIE 1 型四旋翼无人机及传感器	100m, 0.0385m×0.0385m	绿度分割,分水岭算法	立木株数=单木树冠分割结果的区域个数−像素点个数小于2000的细小区域个数−林地之外的背景区域个数
油松、樟子松	陕西省榆林市神木市大柳塔神东矿区	0.03km²	大疆精灵 4 专业版,CMOS 数码相机	50m, 0.05m×0.05m	去相关拉伸,K-means聚类法	腐蚀模型

2.1.2 无人机数据

实际应用中,可对比多种指数下特征提取的效果,优选出适合研究区作物的指数模型。此外,关键问题是阈值的科学选取,动态阈值和机器学习理论的引进是未来的发展方向。

提供的无人机数据波长范围为 402.9~901nm,波谱分辨率为 2.3nm,共计 214 个波段,空间分辨率为 0.2m。

选择 "File" → "Open Image File" → "\data\1 株数和株高",选择 "1 株数"文件(图 2-1)。

2.1.3 波段指数计算

运用无人机数据进行颜色指数计算,这里计算 4 种植被指数:过绿指数 $(2G-R-B)$、过红指数 $(1.4R-G)$、过绿-过红指数 $(3G-2.4R-B)$ 和绿叶指数 $[(2G-R-B)/(2G+R+B)]$。

① 选择 "Basic Tools" → "Band Math",在 "Enter an expression"处,输入过绿指数 $(2G-R-B)$,格式需要转换为 ENVI 语法 "2*b1−b2−b3",所有波段都需要以字母 b 开头,后面数字可以自拟。

② 点击 "Add to List",点击 "OK"(图 2-2)。

③ 依次选择 b1、b2、b3 对应的特征波段。这里,G 波段选择 "band65:552.6nm",R 波段选择 "band101:636.8nm",B 波段选择 "band16:438.0nm"。将文件保存到 "1 株数和株高"文件夹中,命名为 "2 过绿指数计算结果",点击 "OK"(图 2-3)。

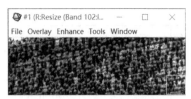

图 2-1 加载的真彩色影像

图 2-2 将颜色指数模型输入 ENVI 中

图 2-3 选择相应波段并保存计算结果

④ 按照上述步骤，依次运算出过绿指数（2*b1-b2）、过红指数（1.4*b1-b2）、过绿-过红指数（3*b1-2.4*b2-b3）、绿叶指数[(2*b1-b2-b3)/(2*b1+b2+b3)]的结果图（图 2-4）。

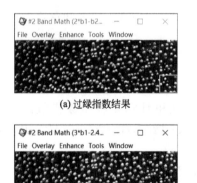

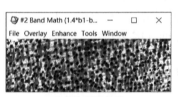

(a) 过绿指数结果　　　　　　　(b) 过红指数结果

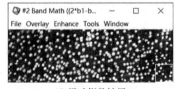

(c) 过绿-过红指数结果　　　　　(d) 绿叶指数结果

图 2-4 四种指数模型的计算结果

2.1.4 阈值分割

① 在"Available Band List"窗口中，双击"2 过绿指数计算结果"。

② 单击右键,选择"Cursor Location/Value",查看计算结果数值(图 2-5)。

③ 为方便查看指定像素的计算值,将十字丝调取出来。单击右键,选择"Toggle"→"Display Cross-hair",查看计算结果数值(图 2-6)。

图 2-5　查看波段指数计算结果　　　图 2-6　打开十字丝定位

④ 拖动十字丝,寻找植被区和非植被区的灰度值差异。以过红指数计算结果为例,灰度值大于 0.08 的像素,认为是植株;反之则不是(图 2-7)。

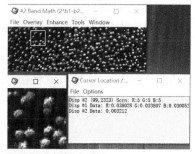

(a) 植被区灰度值　　　　　　　　　　(b) 非植被区灰度值

图 2-7　对比分析阈值的选取

⑤ 在波段计算结果窗口中,选择"Overlay"→"Density Slice",指定相应的指数计算结果,点击"OK"(图 2-8)。

⑥ 在"Density Slice"窗口中,点击"Clear Ranges",清除系统自动分割结果。选择"Options"→"Add New Ranges","Range Start"处输入最小值 -0.022274,Range End 处输入最大值 0.08,颜色默认为红色。这样,就定义像素值低于 0.08 的为非植被类。点击"OK",继续添加植被区,选择"Options"→

图 2-8　密度分割窗体

"Add New Ranges", "Range Start"处输入最小值 0.08, Range End 处输入最大值 0.245725, 在颜色方框处单击右键, 选择绿色。这样, 就定义像素值大于 0.08 的为植株。点击"OK"(图 2-9)。

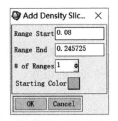

(a) 非植被区像素设置为红色　　(b) 植被区像素设置为绿色

图 2-9　设置区分植株和非植株阈值

⑦ 点击"Apply"。这样, 就将植株进行了背景的去除处理。注意, 截至这步处理, 仅仅是显示效果, 而没有对波段指数结果进行实际的分类(图 2-10)。

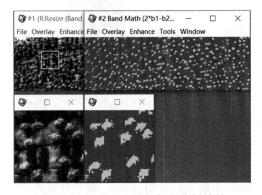

图 2-10　植株和非植株灰度分割结果

2.1.5 后处理

① 观察阈值分割效果图，会发现存在破碎和粘连的像元，需要做进一步的后处理，才能满足实际应用需求（图2-11）。

② 在密度分割窗口中，选择"File"→"Output Ranges to Class Image"，将分割结果保存为分类结果图。命名为"6 过绿指数分类结果"。这样，就把密度分割的显示效果，保存为一个分类格式的文件（图2-12）。

 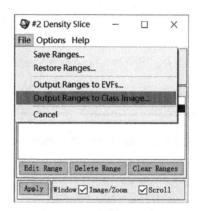

图2-11 存在破碎和噪声像元现象　　　　图2-12 将分割结果保存为分类结果图

③ 选择"Classification"→"Post Classification"→"Majority/Minority Analysis"，选择"6 过绿指数分类结果"，点击"OK"。

④ 点击"Select All Items"，保存，命名为"7 过绿指数后处理结果"，点击"OK"（图2-13）。

⑤ 对比后发现，经后处理后，单棵植株的像素融合为一体，不同植株得到区分，而且一些噪声像元得到了去除（图2-14）。

2.1.6 株数统计、查询和制图

① 选择"Classification"→"Post Classification"→"Classification to Vector"。选择"7 过绿指数后处理结果"，点击"OK"。将后处理图像由栅格格式转化为矢量格式。

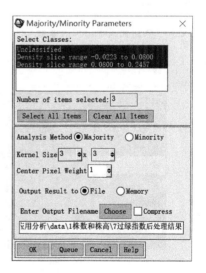

图2-13 对密度分割影像进行后处理

第2章 农作物形态信息提取

 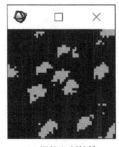 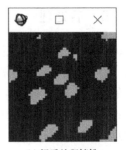

(a) 真彩色植株　　　　　(b) 阈值分割植株　　　　　(c) 经后处理植株

图 2-14　经后处理的植株影像对比

② 在"Select Classes to Vectorize"处，选择"Density slice range 0.0800 to 0.2457"，仅将属于植株的像素进行矢量化。保存，命名为"8 植株数目矢量图"。点击"OK"（图 2-15）。

③ 至此，生成了单棵植株的矢量图，将其覆盖到真彩色图像上显示，可以看到提取的精度是有保证的（图 2-16）。

④ 在矢量编辑窗口中，选择"Edit"→"View/Edit/Query Attributes"，进行矢量图元信息的查询（图 2-17）。

⑤ 浏览信息表，可以得到一些关键信息，该景影像中共计 312 棵植株，且每一植株的周长和冠层面积信息都已计算出来，方便查询使用（图 2-18）。

图 2-15　矢量化属于植株的像素

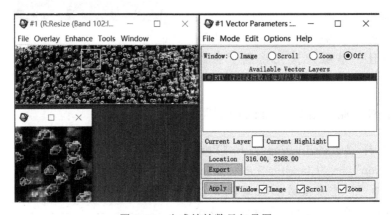

图 2-16　生成植株数目矢量图

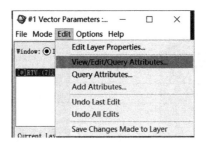

图 2-17　矢量图元信息的查询

	Class_Name	Class_Id	Parts	Length	Area
292	Density slice range 0.0800 to 0.2457	2	1	46.000000	64.00000
293	Density slice range 0.0800 to 0.2457	2	1	18.000000	12.00000
294	Density slice range 0.0800 to 0.2457	2	1	28.000000	35.00000
295	Density slice range 0.0800 to 0.2457	2	1	22.000000	19.00000
296	Density slice range 0.0800 to 0.2457	2	1	30.000000	37.00000
297	Density slice range 0.0800 to 0.2457	2	1	28.000000	33.00000
298	Density slice range 0.0800 to 0.2457	2	1	28.000000	37.00000
299	Density slice range 0.0800 to 0.2457	2	1	16.000000	12.00000
300	Density slice range 0.0800 to 0.2457	2	1	22.000000	18.00000
301	Density slice range 0.0800 to 0.2457	2	1	54.000000	82.00000
302	Density slice range 0.0800 to 0.2457	2	1	36.000000	48.00000
303	Density slice range 0.0800 to 0.2457	2	1	24.000000	26.00000
304	Density slice range 0.0800 to 0.2457	2	1	20.000000	16.00000
305	Density slice range 0.0800 to 0.2457	2	1	20.000000	17.00000
306	Density slice range 0.0800 to 0.2457	2	1	22.000000	19.00000
307	Density slice range 0.0800 to 0.2457	2	1	20.000000	14.00000
308	Density slice range 0.0800 to 0.2457	2	1	14.000000	8.000000
309	Density slice range 0.0800 to 0.2457	2	1	10.000000	4.000000
310	Density slice range 0.0800 to 0.2457	2	1	12.000000	6.000000
311	Density slice range 0.0800 to 0.2457	2	1	14.000000	8.000000
312	Density slice range 0.0800 to 0.2457	2	1	18.000000	12.00000

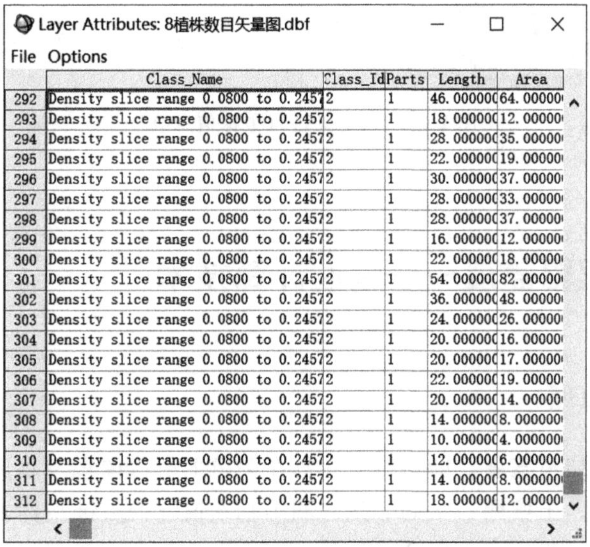

图 2-18　单棵植株信息表

⑥ 例如，要查询面积超过 50 个像素的植株株数和分布，方法是，在矢量编辑窗口中，选择“Edit”→“Query Attribute”，点击“Start”，依次选择“Area”“>”和“50”，命名为“9 面积大于 50 像素的植株”，点击“OK”（图 2-19）。

图 2-19　自定义进行植株信息统计

⑦ 将符合条件的植株设置为蓝色，可以看出满足要求的植株的分布范围。打开属性表，面积超过 50 像素的植株总共有 67 株。这些关键信息对于快速掌握作物生长状况，具有显著的应用价值（图 2-20）。

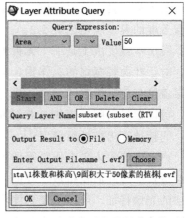

图 2-20 自定义进行植株信息统计

2.2 冠层覆盖度——属性计算技术

2.2.1 原理

遥感上的冠层覆盖度,即植被叶茎等在图像上所占像素与总像素的比值,是评价地表大气圈、土壤圈、水圈、生物圈等基本情况的关键指标之一,在土壤评价中,能指示水土流失、土壤含水量和土壤荒漠化;在大气圈研究中,是地表温度、环境气候和污染物迁移研究的指示参数;在水环境评价中,对于掌握蒸散关系、径流量等具有重要价值;也是研究地表微生物、动植物分布的重要指标。冠层覆盖度的典型应用见表 2-2。

冠层覆盖度由于是一个无量纲的值,测量前,必须在地面固定作物的测量面积。对于叶面较宽阔的农作物,可以选择一个已知尺寸和株数的方格,通过建立冠层盖度与色彩指数的关系,进行冠层覆盖度的计算[6]。对于株数不易确定的作物,可以通过田间画规则方格的形式,测量出 $1m^2$ 田块内是否有植被覆盖的方式,间接计算出植被覆盖度[7]。

卢艳丽等深入研究作物冠层覆盖度与光谱的响应关系,建立不同冬小麦品种冠层覆盖度与叶面积指数、叶向值的关系,采用聚类的方法,得出不同生育阶段冠层的光谱特征,可以用于不同冬小麦品种冠层结构识别的结论[8]。对于高大林木冠层覆盖度的计算,首先对冠层进行面向对象的尺度分割,根据林木胸径与冠幅的相关性特点，对冠幅与胸径进行建模，不仅能建立起一个相关系数达到 0.956 的模型，还能间接预测林木的蓄木量[9]。借助一些观测测量仪器，比如 SPAD 仪，将冠层覆盖的地面测量结果与无人机获取的数据进行回归建模，是一种通过冠层信息预测作物产量的新方法[10]。

表 2-2 低空遥感技术在冠层覆盖度计算中的应用

品种	地点	研究区面积	平台及传感器	测量高度及分辨率	提取算法与建模方法	冠层覆盖度模型
玉米	青岛农业大学科技示范园试验站	5m×10m	地面遥感平台，佳能 60D 相机和日本 SPAD-502 分析仪	1m，0.0289cm×0.0289cm	红光、绿光、色调等 7 个指数，逐步回归模型	冠层覆盖度与地上部干物质质量、叶面积指数和地上部氮积累量间的相关性模型
人工草坪	内蒙古乌拉特前旗明安乡某试验基地	1750m×750m	无人机，AvaField-3 光谱仪	1.072m，1m×1m	一，像元二分模型	$f(V)=(k_x-0.000203)/(0.01728-0.000203)$，其中，$k_x$ 为红边斜率
冬小麦	中国农业科学院中圃场	12m²	地面遥感平台，ASD Fieldspe FR2500 光谱仪	0.5m，—	光谱指数 NDVI，波段组合	冠层光谱与叶向值和叶面积指数的关系模型
杨树	江苏省东台市东台林场	0.053km²	数字绿土八旋翼电动无人机及自带 CCD 相机	—，0.15m×0.15m	一，面向对象分割	$D=1.102+3.604CW$，其中，D 为胸径；CW 为平均冠幅
玉米	河北省涿州市城西十公里东城坊镇	5m×1.2m	天鹰 680 型四旋翼无人机，索尼 DSC-QX1 数码相机	40m，1.06cm×1.06cm	土壤调整植被指数，波段组合	$SAVI_{green}=(1+L)[(G-R)/(G+R+L)]$，其中，$G$、$R$ 为绿和红波段 DN 值；L 为土壤调节系数，取 0.5。$SAVI_{green}>0$ 即为冠层

注："—"表示资料未显示具体数据，下同。

2.2.2 无人机数据

在计算株数的同时，可以得到冠层覆盖度。实际应用过程中，如果研究区不规则，在总像素计算上无法用上述方法。可以使用 Envi 提供的 Quick Stat 功能，剔除研究区外像元后，计算冠层覆盖度。此外，若单株作物的图像边界和背景像元存在混合像元，需要在计算值上加一个系数，适当提高计算结果，才更加符合实际情况。

提供的无人机数据波长范围为 402.9～901nm，波谱分辨率为 2.3nm，共计 214 个波段，空间分辨率为 0.2m。

① 选择"File"→"Open Image File"→"\data\2 冠层覆盖度"，选择"1 冠层覆盖度"文件，则显示一景真彩色高光谱影像（图 2-21）。

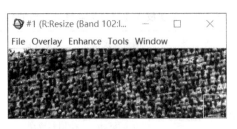

图 2-21　加载的真彩色影像

② 在显示窗口中，选择"Overlay"→"Vectors"，在矢量参数窗口中，选择"File"→"Open Vector File"，打开"2 冠层覆盖度"文件夹下的"8 植株数目矢量图.evf"，加载矢量地图，点击"Apply"（图 2-22）。

图 2-22　加载提取的植株矢量图

2.2.3　导出面积数据

① 在矢量窗口中，选择"Edit"→"View/Edit/Query Attributes"，打开所有图元的属性表（图 2-23）。

② 选择"Edit"→"Save All Records to ASCII"，保存到"\data2 冠层覆盖度"文件夹下，命名为"2 图元属性表"（图 2-24）。

2.2.4　计算冠层覆盖度

① 新建一个 Excel 文件，命名为"2 图元属性表"。
② 打开这个文件（图 2-25）。

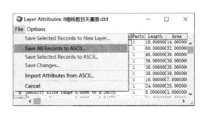

图 2-23　打开所有植株的属性表　　图 2-24　将表导出成 ASCII 文件

图 2-25　打开文件

③ 第一步选择"分隔符号",第二步将"空格"勾选,点击"完成"。

④ 表中的最后一列就是每一图元的面积数据。求和得出植株所占的总像素数是 12205。

⑤ 现在需要计算总像素数。在 Envi 主菜单,选择"File"→"Edit ENVI Header",在右侧显示了原始数据的行列和波段数。由于分类图像是一个单波段数据,因此总像素数为 $474 \times 148 = 70152$。

⑥ 因此,这一区域的冠层覆盖度为 $12205 \div 70152 \times 100\% \approx 17.40\%$ (图 2-26)。

第 2 章　农作物形态信息提取

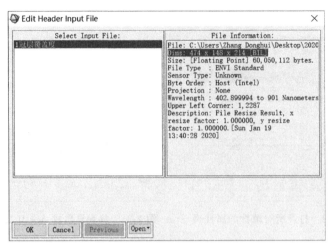

图 2-26 通过头文件计算总像素数

2.3 作物倒伏——数字表面模型技术

2.3.1 原理

由于风灾、暴雨、病虫害等，很多作物会发生倒伏现象。及时掌握作物倒伏情况，对损失评估、生产补救、田间种植优化等都具有重要现实意义。与传统实地测量方法相比，遥感技术通过分析倒伏作物的色调、空间纹理和光谱等的异常，能够实现倒伏信息的快速和准确提取。作物倒伏的典型应用见表 2-3。

表 2-3 低空遥感技术在作物倒伏提取中的应用

品种	地点	研究区面积	平台及传感器	测量高度及分辨率	提取算法与建模方法	倒伏率计算模型
玉米	中国农业科学院（万庄）农业高新技术产业园	200m×100m	Free Bird 小型电动无人机，理光 GXR A12 非测绘数码相机	375m，0.15m×0.15m	色彩特征和纹理特征共计 27 个指数	目视解译、JPG 图像色彩特征、优选分类特征
玉米	北京市昌平区小汤山国家精准农业研究示范基地	1800m²	地面遥感平台，ASD FieldSpec Pro3 FR2500 光谱仪	1m，—	连续小波算法	偏最小二乘算法

续表

品种	地点	研究区面积	平台及传感器	测量高度及分辨率	提取算法与建模方法	倒伏率计算模型
冬小麦	中国农业科学院廊坊产业园试验田	—	地面遥感平台,数码相机、FieldSpec HandHeld光谱仪	1.4m,—	能量均值等8个纹理特征和植被指数等14个指数	神经网络模型
水稻	浙江省桐庐县植物保护与检疫站和黑龙江省友谊农场	0.15m²	地面遥感平台,ASD FieldSpe Pro FR高光谱辐射仪	1m,—	光谱重采样后进行主成分分析	支持向量机
玉米	北京市昌平区小汤山国家精准农业研究示范基地	33个区,每个10m×10m	地面遥感平台,ASD FieldSpec Pro3光谱仪	1m,—	倒数、对数、微分等7种光谱变换	随机森林法构建光谱参量与倒伏冠层叶向值模型
水稻	江苏省兴化市和大丰区	0.3m×0.3m	地面遥感平台,ASD FieldSpe FR高光谱辐射仪	1m,—	归一化植被指数等11个指数	$LSR=-358.634-589.109NDVI-15.878RVI+309.137VOG_1+407.072NDVI$,其中,$LSR$为可视叶茎比;$NDVI$为归一化植被指数;$VOG_1$为红边指数

在色调和纹理方面,李宗南等统计不同波段的均值、方差、信息熵、二阶矩等 27 个波段指数,通过计算正常和倒伏作物上述指数的差异,得出最适合发现玉米倒伏情况的是红、绿、蓝三个波段的均值[11]。这种方法可以较精确地计算出倒伏面积,但无法解决异物同谱的问题,需要进一步引入高光谱技术。周龙飞等通过对植株叶面积密度的计算,解决了作物倒伏前后,单位体积内叶面积总量增加,但单位面积内叶面积变化不大所造成的漏提的问题。选用最小二乘模型,建立了叶面积密度与特征波段的反演诊断模型[12]。在图像和光谱综合应用方面,吴尚蓉等通过提取颜色特征和纹理特征,与光谱指数特征一起作为输入变量,建立了一种基于粒子群算法的倒伏冬小麦提取模型,精度达到了 98.2%[13]。

具体到监测作物倒伏原因的研究方面,刘占宇等采用主成分和支持向量机结合的方法,筛选出第一主成分是冠层总体光谱特征,而第二主成分反映了水稻倒伏后的差异特征,同时,在可见光-近红外波段范围,倒伏作物的反射率增强了 2%~18%,这一特性可以反映出由病虫害导致的水稻倒伏信息[14]。

在倒伏强度的研究方面,有学者按照茎倒、茎折和根倒所占比例,或者按照倒伏角度两种划分方法，分别按照光谱变换和植被指数等建模方法，建立了光谱参量与叶向值[15]、光谱指数与叶茎比[16]两类模型，可以对作物倒伏胁迫后光谱响应的规律进行科学提取。

2.3.2 无人机数据

在缺乏激光传感器的条件下，采用本节的方法，可以模拟出激光点云的数据，获取作物的株高，从而判断作物的倒伏情况。示例数据是 6 张无人机获取的恢复图像，具有 60% 的重叠率，通过处理，可以达到应用目的。

（1）建立工程文件

打开 PhotoScan 软件，选择"文件"→"保存"，保存到"\data\3作物倒伏"，命名为"株高和倒伏监测"。此时便生成了一个工程文件，方便数据的处理和试验。

（2）建立数据块

在工作区处，单击右键→添加堆块，生成区块文件目录。单击右键→重命名，将 Chunk 1 的名字修改为"株高和倒伏数据"。

（3）导入数据

选择"工作流程"→"添加照片"，打开"1 无人机数据"文件夹下的 6 景影像（图 2-27）。

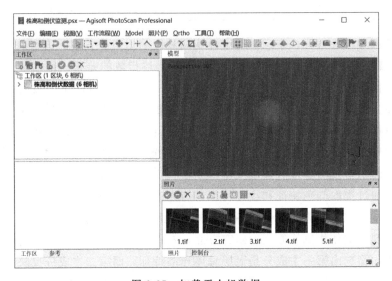

图 2-27　加载无人机数据

2.3.3 对齐照片

这一步的目的是将 6 景无人机影像的数据进行空间自动匹配。选择工作流程→对齐照片,精度选择最高,点击"OK"(图 2-28)。

图 2-28 对齐照片

生成了研究区的连接点数据(图 2-29)。

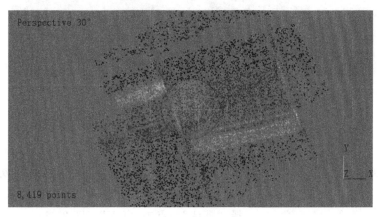

图 2-29 生成的连接点数据

2.3.4 建立密集点云

对齐照片后,生成了具有 8419 个连接点的数据,基于上述连接点,能够生成作物的密集点云。

选择"工作流程"→"生成密集点云",将点云质量改为"超高",点击"OK"(图 2-30)。

图 2-30　生成密集点云

生成了研究区的密集点云数据，共计有 2005954 个点（图 2-31）。

图 2-31　生成的密集点云数据

2.3.5　生成网格

基于上述连接点，能够生成作物的网格。

选择"工作流程"→"生成网格"，参数选择"默认"，点击"OK"（图 2-32）。

生成了研究区的网格数据，共计有 24213 个面（图 2-33）。

2.3.6　生成纹理

基于上述面数据，能够生成作物的纹理。

选择"工作流程"→"生成纹理"，参数选择"默认"，点击"OK"（图 2-34）。

图 2-32　生成网格

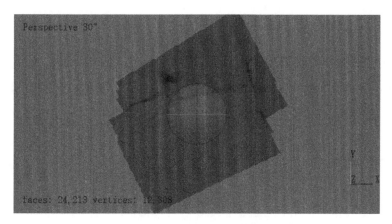

图 2-33　生成的网格数据

图 2-34　生成纹理

生成了研究区的纹理数据（图 2-35）。

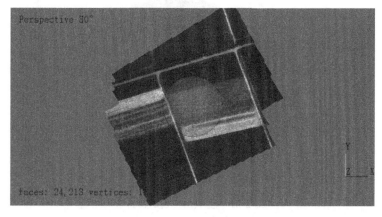

图 2-35　生成的纹理数据

2.3.7 生成数字表面模型

（1）生成数字高程模型

至此，需要将纹理贴合到网格数据上。选择"工作流程"→"Build DEM"，参数选择"默认"，点击"OK"（图 2-36）。

图 2-36　生成数字高程模型（DEM）

生成了研究区的数字高程模型数据（图 2-37）。

图 2-37　生成的 DEM 数据

（2）生成正射影像

基于上述数据，可以生成整个测区的正射影像。选择"工作流程"→"Build Orthomosaic"，参数选择"默认"，点击"OK"（图2-38）。

图2-38 生成正射影像

这样就生成了研究区的正射影像（图2-39）。

图2-39 生成的正射影像

2.3.8 导出 DEM 数据和正射数据

① 选择"文件"→"导出"→"导出数字高程模型"→"导出 TIFF/BIL/XYZ"。参数选择"默认",点击"OK"(图 2-40)。

② 保存到路径"\data\3 作物倒伏\2 数字高程模型",命名为"作物数字表面模型"。

③ 选择"文件"→"导出"→"Export Orthomosaic"→"导出 JPEG/TIFF/PNG"。参数选择"默认",点击"OK"(图 2-41)。

图 2-40 导出 DEM 数据

图 2-41 导出正射影像

保存到路径"\data\3 作物倒伏\2 数字高程模型",命名为"正射影像"。

2.3.9 分析株高和作物倒伏

① 打开"ENVI",打开"作物数字表面模型"和"正射影像"两个文件。

② 选择"Topographic"→"3D SurfaceView",首先选择正射影像波段,依次选择"Band 1""Band 2"和"Band 1",合成一幅假彩色影像。点击"OK"(图 2-42)。

③ 选择 DEM 的输入波段:"作物数字表面模型"的"Band 1",点击"OK"。

④ DEM 分辨率 (DEM Resolution) 的高低跟可视化显示速度有关。这里数据量比较小,可以选择"Full"。这一地区的高程介于 8.89~33.8m,因此,设置最低和最高海拔分别为 8m 和 35m,可以在视窗中全面显示研究区。夸张系数越高,海拔拉伸效果越明显,这里夸张系数设置为"5.0"。图像分辨率也选择"Full"。点击"OK"(图 2-43)。

图 2-42 三维影像表明彩色合成

图 2-43 三维影像表明参数设置

⑤ 得出作物倒伏和株高信息。这样,就能够得出一景研究区作物高度信息分布图。图中可以看到作物的高度信息,这为评价作物生长状况和计算倒伏面积等都提供了基础数据(图 2-44)。

图 2-44 农作物株高和倒伏计算结果

2.4 不同生育期状况——变化检测技术

2.4.1 理论和方法

对作物不同生育期的遥感监测，是估产、施肥、病虫害发现等研究的基础工作。为满足智慧农业和精准农业的需求，遥感技术需要全天候介入到作物的生命周期中，为相关领域提供基础的数据源。提取思路一般是针对每一生育期进行数据获取，对多种指数模型进行试验，以产量或者元素含量为自变量，建立回归模型，实现不同生育期作物状态的定量评估（表2-4）。

多波段相机可以在冬小麦[17]和夏玉米[18]不同生育期进行产量预估，在增强植被指数、归一化植被指数、差值植被指数提取的基础上，采用偏最小二乘回归或者多元回归，能够建立小麦产量和玉米叶片氮素含量的定量模型，从而提高作物估产和生长期健康监测的精度。在田间管理中，可以根据入侵物种与作物生长期不同的这一规律，圈定入侵物种，提高除草效率。对此，采用面向对象尺度分割的思路，建立合理的尺度分割阈值，能够将这些入侵物种快速识别出来[19]。

由于作物生育期的关键节点持续时间一般较短，需要精度更高的传感器进行监测，高光谱技术被引入这一研究。有学者针对冬小麦的4个生育期[20]和大豆的3个生育期[21]，首先进行多种植被指数的提取，作为因变量，分别以综合长势指标和预期产量为自变量，建立了不同生育期的评估模型，实现了无损的作物生长情况评估。

对作物进行长期动态监测，需要具有自学习能力的算法，以提高数据的应用效率。冯帅等在计算多种光谱指数的基础上，以作物氮素含量为输出变量，通过引入极限学习机等机器学习算法，建立了一套机器学习模型，提高了作物生育期监测精度[22]。相对于粮食作物，林木的生育期监测难度更高，雷彤等采用高光谱仪和数码相机相结合的方法，找出了苹果树盛花期和无花期的光谱变化规律，这为信息化管理果树提供了理论依据[23]。

表 2-4 低空遥感技术在作物不同生育期信息提取的典型应用

品种	地点	生育期	平台及传感器	测量高度及分辨率	提取算法与建模方法	生育期特征计算模型
冬小麦	山东省滨州市马坊农场	返青拔节期、抽穗灌浆期和成熟期	SenseFly eBee Ag 农用固定翼无人机，MultiSPEC 4C 相机	150m，0.16m×0.16m	EVI2、NDVI 等 9 种植被指数，最小二乘法	$y_{产量} = 7937.56 EVI2 - 1772.13$，其中，$EVI2$ 为增强植被指数

续表

品种	地点	生育期	平台及传感器	测量高度及分辨率	提取算法与建模方法	生育期特征计算模型
夏玉米	北京市昌平区小汤山国家精准农业研究示范基地	喇叭口期、抽雄-吐丝期、灌浆期	大疆八旋翼电动无人机，Parrot Sequoia 农用4通道多光谱相机	—，—	差值植被指数 DVI 等 11 个植被指数，多元逐步回归	$y_{叶片氮素含量} = -118.6137GNDVI - 22.3681G - 56.1503OSAVI - 252.0123REG + 242.9769SAVI + 54.7204$ 等 3 个生育期模型*，其中，$OSAVI$ 为优化土壤调节植被指数
薇甘菊	广州市从化区海滨大道旁	盛花期	大疆 M600Pro，尼康 D850	30m，—	过绿指数等 7 个指数，面向对象的尺度分割	尺度分割模型
冬小麦	北京市昌平区小汤山国家精准农业研究示范基地	拔节期、孕穗期、开花期、灌浆期	八旋翼电动无人机，UHD185 高光谱仪	50m，0.21×0.21m	归一化光谱指数等 3 个指数，偏最小二乘回归	$y_{拔节期CGI} = -2.9041 + 0.9436R_{690} + 6.9144NDSI_{(746,742)} + 3.3075RSI_{(746,742)} - 6.7302SSI_{(526,454)}$ 等 5 个生育期模型**
大豆	南京农业大学江浦农场	盛花期、盛荚期、鼓粒始期	地面遥感平台，FieldSpec Pro FR2500	1m，0.44m×0.44m	红绿波段比值等 7 个指数，线性回归	$y_{R2期产量} = 3332.3 - 198242.0NPH_{1280R2}$，其中，$y_{R2期产量}$ 为盛花期产量；NPH_{1280R2} 为盛花期 1280nm 处的标准化峰高
东北粳稻	辽宁省沈阳市辽中区卡力玛村院士工作站	分蘖期、拔节期、抽穗期	无人机，GaiaSky-mini 高光谱成像仪	50m，0.02m×0.02m	差值光谱植被指数等 3 个指数，自适应差分优化的极限学习机、径向基神经网络、BP 神经网络	极限学习机反演模型
苹果	山东省栖霞市	盛花期、无花期	FieldSpec3 便携式地物光谱仪，佳能数码相机	地面，—	一阶导数，回归模型	相关性分析模型

注："*"处 $GNDVI$ 为绿色归一化差值植被指数，G 为绿波段反射率值，$SAVI$ 为土壤调节植被指数，REG 为红波段反射率值；"**"处 $y_{拔节期CGI}$ 为拔节期综合长势指标 CGI，R_{690} 为波长 690nm 处反射率，$NDSI$、RSI 和 SSI 分别为归一化、比值和简单光谱指数。

2.4.2 无人机数据

不同生育期的监测,需要至少两期数据的支持。在开展相关工作前,需要将多期数据进行配准,在配准的前提下,才能够在空间上实现变化检测。在实际应用中,还可以基于前述的株高监测方法,做多期作物的高度变化检测。

提供的无人机数据波长范围为 398.3~1003.1nm,波谱分辨率为 3.1nm,共计 176 个波段,空间分辨率为 0.2m。

选择"File"→"Open Image File"→"\data\4 不同生育期状况",选择"1 期数据"文件,打开。选择"File"→"Open Image File"→"\data\4 不同生育期状况",选择"1 期数据"文件,打开(图 2-45)。

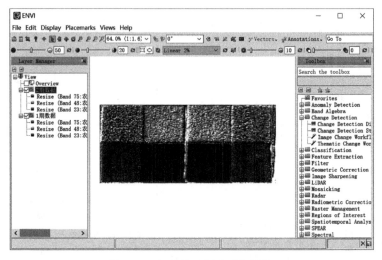

图 2-45 加载的两期真彩色影像

2.4.3 变化检测工作流

在右边工具箱 Toolbox 中,选择变化检测工作流工具:"Change Detection"→"Image Change Workflow"。

① 导入影像。点击"浏览"按钮,依次指定"Time 1 File"为"1 期数据","Time 2 File"为"2 期数据"(图 2-46)。

② 图像配准。点击"Next",在弹出面板中选择是否需要进行图像配准,这里的数据已经经过配准,选择"Skip Image Registration"(图 2-47)。

③ 变化检测方法。点击"Next",工具中提供了两种变化检测方法。这里选择"Image Difference"方法,检测两期的变化情况(图 2-48)。

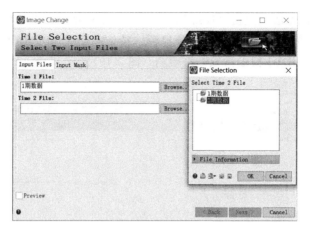

图 2-46　导入影像

图 2-47　图像配准

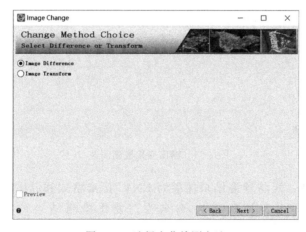

图 2-48　选择变化检测方法

④ 变化分析方法。点击"Next",进入变化分析界面,工具中提供了三种变化分析方法,分别是与输入波段差异检测、特征指数差异检测和光谱角变化检测。这里选择"NDVI 植被指数"来检测(图 2-49)。

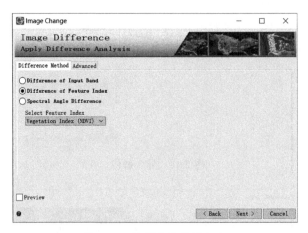

图 2-49　选择变化分析方法

⑤ 阈值应用和输出差值影像。点击"Next",在选中"Apply Thresholding"下,可以分别输出作物的增长变化和消减变化,以及手动调整方法的阈值,做进一步的详细分析。这里选择直接将变化图像进行输出,选中"Export Difference Image Only"(图 2-50)。

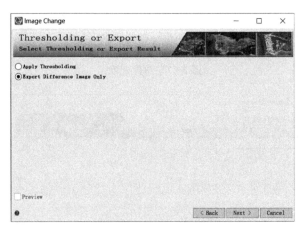

图 2-50　输出变化检测图像

⑥ 保存结果。可将检测结果保存为 ENVI 标准格式和 TIFF 格式,保存到"\ data \ 4 不同生育期状况",命名为"变化检测结果"。点击"Finish"(图 2-51)。

图 2-51　变化检测结果输出

2.4.4　不同生育期结果分析

打开"变化检测结果"文件，在显示窗口，选择"Overlay"→"Density Slice"，对结果进行密度分割。按照系统默认的结果，点击"Apply"，可以形象地分析每块田地的作物生长变化情况。这里负值是作物植被指数降低的结果，正值是作物植被指数上升的区域。这为评判农田作物不同生育期状况具有重要意义（图 2-52）。

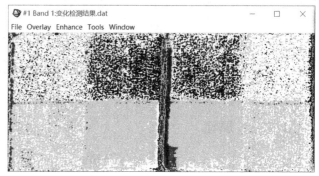

图 2-52　不同生育期结果分析

第3章

农作物生理生化信息提取

作物的生理生化指标，主要包括从叶面积指数、作物系数、叶绿素含量和营养元素含量等。生理生化指标涉及大量的数理计算，分别应用多元线性回归技术、多项式回归技术、相关性分析技术和间接提取技术可对上述指标信息进行有效提取，掌握这些技术，能够对高光谱、多光谱无人机遥感数据信息提取有更深刻的认识。

3.1 叶面积指数——多元线性回归技术

3.1.1 原理

叶面积指数指单位面积土地上作物叶片的叶面积总和，是评价植株长势、生物量、病虫害、色素含量和物候期的关键参量，能够间接表征作物的光合作用、产量和空间分布情况，是遥感技术能够提取的一个关键生物参量（表3-1）。

叶面积指数提取的关键是建立计算模型，需要对无人机遥感数据与地面测量的数据进行相关性分析后，选取相关性最高的指数作为因变量。田明璐和高林在无人机上搭载UHD185成像光谱仪，地面分别采用SUNSCAN冠层分析仪[24]和SD FieldSpecFR Pro 2500辐射仪[25]，对棉花和冬小麦的叶面积指数进行了建模。选取回归系数最高的波段组合指数，得到了相应的叶面积指数。

表 3-1 低空遥感技术在作物叶面积指数提取的典型应用

品种	地点	面积	平台及传感器	测量高度及分辨率	提取算法与建模方法	叶面积指数计算模型
棉花	陕西省乾县梁山乡齐南村	36个样区，每个5m×6m	八旋翼电动无人机，Cubert UHD185成像光谱仪＋Sunscan冠层分析仪	100m，0.022m×0.022m	极值植被指数以及其他4种常见植被指数，偏最小二乘法、连续投影算法	$y=0.3305E\_RVI+1.06E\_NDVI-4.459E\_GNDVI+0.9257$ *
冬小麦	北京市昌平区小汤山国家精准农业研究示范基地	48个样区，每个48m²	八旋翼电动无人机，Cubert UHD185成像光谱仪＋ASD Field SpecFR Pro 2500辐射仪	50m，0.21m×0.21m	归一化差异植被指数以及其他8种植被指数，相关性分析	$\lg y=1.168+5.405\times\lg(RSI)$，其中，$RSI$为比值型光谱指数
冬小麦	北京市昌平区小汤山国家精准农业研究示范基地	48个样区，每个48m²	八旋翼电动无人机，Cyber-shot DSC-QX100高清相机＋CI-203型激光叶面积仪	50m，0.013m×0.013m	绿红植被指数及其他8种植被指数，相关性分析	$y=1.3381*e^{8.5575x}$，其中，x为无人机数码正射影像红绿蓝通道灰度值的可见光大气阻抗植被指数
玉米	吉林省公主岭玉米施肥试验田	101.4m²	大疆M600 Pro，德国Cubert S185成像仪＋Sunscan冠层分析仪	50m，0.0265m×0.0265m	归一化差异植被指数及其他15种植被指数，人工神经网络	主成分有5个，隐含层节点数据2个；输入层模型为Log-sigmoid，隐含层输出模型为Purelin
大豆	中国科学院海伦农业生态实验站	50.4m²	地面遥感平台，ASD高光谱仪＋LI-COR公司LAI-2000冠层分析仪	2.5m，—	比值植被指数及其他5种植被指数，人工神经网络	$y=2.9164x+0.49$，其中，x为改进型植被指数
冬小麦	北京市昌平区小汤山国家精准农业研究示范基地	48个样区，每个48m²	八旋翼电动无人机，Cubert UHD185成像光谱仪＋CI-203型激光叶面积仪	50m，0.21m×0.21m	归一化差异植被指数及其他5种植被指数，相关性分析	偏最小二乘模型
冬小麦	北京市昌平区小汤山国家精准农业研究示范基地	48个样区，每个48m²	Ricopte八旋翼无人机，Cubert UHD185成像光谱仪＋CI-203型激光叶面积仪	50m，0.21m×0.21m	归一化植被指数及其他13种植被指数，随机森林算法	OOB-RF模型

注：y为叶面积指数值（下同）；"*"处E_RVI、E_NDVI和E_GNDVI分别为比值植被指数、归一化植被指数和绿波段归一化植被指数；"—"表示资料未显示具体数据，下同。

叶面积反映的是植株的三维空间形态在二维图像上的投影效果，适宜于空间建模的 CI-203 型激光叶面积仪有时被用来作为地面遥感平台测量数据。高林等建立了一种适合不同物候期的冬小麦叶面积指数估算模型，其中，可见光大气阻抗植被指数模型在无人机数据提取方面，具有相对最高的相关系数[26]。

随着数据量的增加，有学者将具有自学习能力的神经网络模型引入玉米[27]和大豆[28]的叶面积指数提取中。通过试验神经网络的层数和参数设置，在对已知样本计算精度评价基础上，得到相对最优的神经网络模型。

实际应用中，需要对传统的算法进行改进，思路一是将直接针对无人机高光谱影像，对最小二乘建模方法与指数组合方式进行改进，适合评价不同植被指数下模型的稳定性[29]；思路二是针对地面实测数据，优选光谱指数，构建能够评价最佳自变量个数的新模型，再将模型应用到无人机高光谱数据上，得出叶面积指数。思想二的方法，相对而言，能够进一步提高反演精度[30]。

3.1.2　无人机数据

通过建立 3 种植被指数与实测叶面积的关系模型，实现了面状的叶面积提取。在实际应用中，对于关系不够明确的模型，需要进行大量的试验，提取十几种甚至几十种植被指数，与实测值进行分析后，达到提高的目的。

提供的无人机数据波长范围为 402.9~901nm，波谱分辨率为 2.3nm，共计 214 个波段，空间分辨率为 0.2m。

选择"File"→"Open Image File"→"data\5 叶面积指数"，选择"1 试验田原始数据"文件，点击"打开"。在"Available Bands List"窗口，文件名右键→"Load True Color"，加载一景具有 16 块样本田的真彩色高光谱影像（图 3-1）。

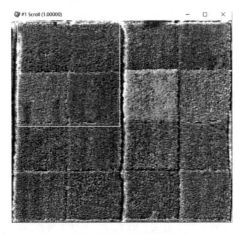

图 3-1　加载的真彩色影像

3.1.3 地面实测数据

在无人机高光谱数据采集过程中,同步在地面,测量每块样本田的叶面积指数,同时记录具体的位置信息,这里记录的是样本的像素值位置。样本田的编号顺序为从左至右,自上而下(图3-2)。

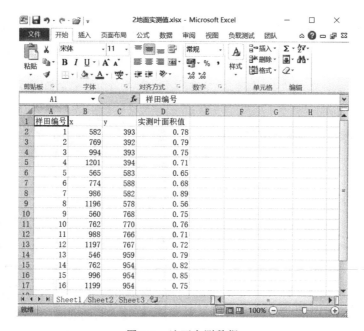

图 3-2 地面实测数据

3.1.4 假设条件

假设根据文献资料或者室内光谱测量,发现试验田种植的作物叶面积值与3个光谱指数相关。由于属于不同的生长期或者不同仪器所测量,需要求解模型的系数,模型为:

$$y = aEVI + bNDCI - cGNDVI + d$$

其中,a、b、c、d 为模型的系数;y 为叶面积指数;EVI、$NDCI$、$GNDVI$ 分别为增强型植被指数、归一化差值叶绿素指数和绿色归一化差值植被指数。计算公式分别为:

$$EVI = 2.5(NIR - R)/(NIR + 6R - 7.5R_{454} + 1)$$
$$NDCI = (R_{708} - R_{665})/(R_{708} + R_{665})$$
$$GNDVI = (NIR - G)/(NIR + G)$$

这里,NIR 选择852nm,R 选择672.5nm,G 选择554.1nm。

3.1.5 植被指数提取

(1) 增强型植被指数

选择"Basic Tools"→"Band Math",输入符合软件格式要求的增强型植被指数的模型"2.5×(b1−b2)/(b1+6.0×b2−7.5×b3+1.0)",点击"OK"(图 3-3)。

b1、b2、b3 依次指定为 852nm、672.5nm 和 554.1nm,保存文件到"\data\5 叶面积指数",命名为"3 增强型植被指数",点击"OK"(图 3-4)。计算得到增强型植被指数结果。

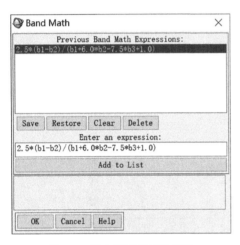

图 3-3 输入增强型植被指数

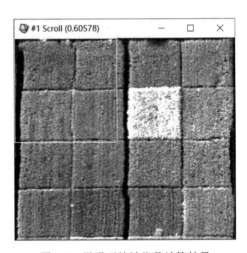

图 3-4 增强型植被指数计算结果

(2) 归一化差值叶绿素指数

选择"Basic Tools"→"Band Math",输入符合软件格式要求的归一化差值叶绿素指数的模型"(b708−b665)/(b708+b665)",点击"OK"(图 3-5)。

b708、b665 依次指定最邻近的 707nm 和 665.6nm,保存文件到"\data\5 叶面积指数",命名为"4 归一化差值叶绿素指数",点击"OK"(图 3-6)。计算得到归一化差值叶绿素指数结果。

(3) 绿色归一化差值植被指数

选择"Basic Tools"→"Band Math",输入符合软件格式要求的绿色归一化差值植被指数的模型"(b852−b554)/(b852+b554)",点击"OK"(图 3-7)。

b852、b554 依次指定最邻近的 852nm 和 554.1nm,保存文件到"\data\5 叶面积指数",命名为"5 绿色归一化差值植被指数",点击"OK"(图 3-8)。计算得到绿色归一化差值植被指数结果。

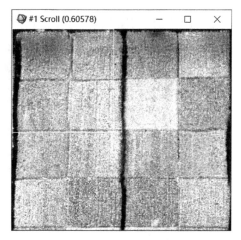

图 3-5 输入归一化差值叶绿素指数　　　图 3-6 归一化差值叶绿素指数计算结果

图 3-7 输入绿色归一化差值植被指数　　图 3-8 绿色归一化差值植被指数计算结果

3.1.6 数据整理

(1) 加载数据

在三个窗口里，分别加载上述的三种植被指数。任一窗口单击右键→"Link Display"，点击"OK"。这样，方便采集对应位置的指数值，用于后续建模（图 3-9）。

打开"2 地面实测值"，新建 3 列，用于存放植被指数值（图 3-10）。

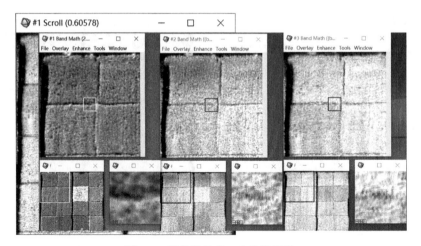

图 3-9　平铺并关联 3 个植被指数

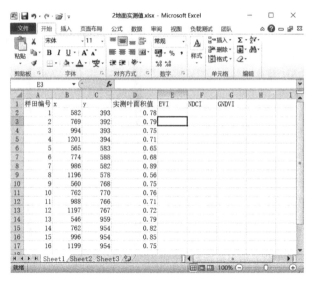

图 3-10　新建植被指数数据列

（2）3 种植被指数同时显示

任一窗口单击右键→"Cursor Location/Value"，打开光标所在处的灰度值显示窗口。可以看到，能够同时显示 3 种植被指数的灰度值（图 3-11）。

（3）空间定位窗口

任一窗口单击右键→"Pixel Locator"，打开光标所在处的灰度值定位窗口。输入行列号后，可以精确进行定位。这里，图像没有空间坐标，实际应用中可以输入经纬度坐标（图 3-12）。

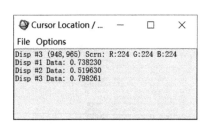

图 3-11　3 种植被指数同时显示

图 3-12　空间定位窗口

（4）采集数据

根据 Excel 表中的行列号，依次将 16 个样本点的数据采集下来。输入后，点击"Apply"，就同时显示了 3 个指数的灰度值。可以采用复制、粘贴的方法，避免误输入。最终生成一个叶面积数值与 3 种指数对应的表格（图 3-13）。

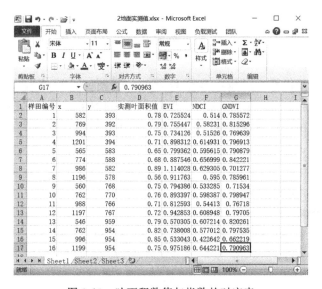

图 3-13　叶面积数值与指数的对应表

3.1.7　建立反演模型

（1）加载回归工具

在 Excel 中，选择"文件"→"选项"→"加载项"，在"管理"处，选择"Excel 加载项"，点击"转到"（图 3-14）。

图 3-14 加载回归工具

勾选"分析工具库",点击"确定"(图 3-15)。

(2)建立回归方程

在 Excel 中,选择"数据"→"数据分析",选择"回归",点击"确定"。将回归分析窗口打开。

在输入处,Y 值输入区域,选择 D 列的"实测叶面积值"。X 值输入区域,选择 E、F、G 列的"EVI、NDCI、GNDVI"三列数据。将结果输出到新工作表组,勾选"残差"和"标准残差",用于后续分析。设置完毕后,点击"确定"(图 3-16)。

图 3-15 加载分析工具库

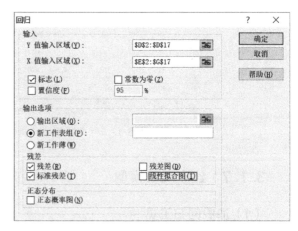

图 3-16 回归分析参数设置

(3) 得到回归系数

软件的计算结果将以表格的形式呈现，可以看出多元回归系数是 0.59，而三个参量的回归系数分别为 -0.348、1.137、-1.625，截距值为 1.633。四舍五入后，整理出叶面积指数方程为：

$$y = -0.348EVI + 1.137NDCI - 1.625GNDVI + 1.633$$

3.1.8 数字制图

在建立回归方程的基础上，可以进行空间制图计算，打开 ENVI 软件，打开 3 个指数结果数据。

选择 "Basic Tools" → "Band Math"，输入上述方程的语法格式 "-0.348×b1+1.137×b2-1.625×b3+1.633"，点击 "Add to List"，点击 "OK"。依次选择对应的植被指数。保存到 "\data\5叶面积指数"，命名为 "6叶面积指数计算结果"，点击 "OK"（图 3-17）。

加载结果数据，并选择合适的颜色表达，可以形象地展现试验田的叶面积指数分布情况（图 3-18）。

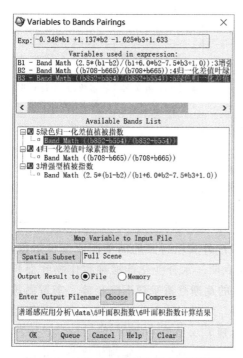

图 3-17 波段组合运算计算叶面积指数

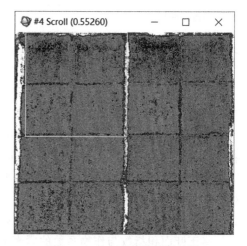

图 3-18 叶面积指数制图结果

3.2 作物系数——多项式回归技术

3.2.1 原理

作物系数是指不同发育期中需水量与可能蒸散量的比值,是作物与水环境关系的直接表达参量。计算作物系数,能够掌握作物灌溉质量的水循环规律,提高水资源的利用效率(表3-2)。

表3-2 低空遥感技术在作物系数提取的典型应用

品种	地点	面积	平台及传感器	测量高度及分辨率	提取算法与建模方法	作物系数计算模型
玉米	内蒙古鄂尔多斯达拉特旗昭君镇西北农林科技大学精准灌溉试验站	12m×12m	六旋翼电动无人机,RedEdge多光谱相机+LAI-2000C植被冠层分析仪	70m,0.05m×0.05m	简单比值植被指数,逐步回归分析方法	逐步回归模型
冬小麦	中国科学院禹城综合试验站	100m×100m	地面遥感平台,Field Spec HandHeld野外光谱仪+LI-3000C面积仪	—,—	归一化差值植被指数等8个植被指数,相关性分析	$y=0.4118\ln x+1.1731$,其中,y为作物系数;x为修正型土壤调整植被指数
玉米	山西省寿阳县农业农村部旱作农业与环境科学野外观测试验站	150m×100m	地面遥感平台,通用型面积测量设备	地面,—	叶面积指数计算,相关系数分析	双作物系数法

对于植被生长较密的作物,近红外除以红外波段得到的简单比值植被指数,能够反映出作物的总体生长状况[31]。研究表明,水分变化能够导致作物叶面积发生改变,比值植被指数值会随着水分胁迫的逐渐严重呈现下降趋势。李贺丽等对更多的植被指数进行作物系数相关性分析,发现对于冬小麦,增强型植被指数能够很好地估算作物的蒸散量,相关系数达到了0.765~0.864[32]。

鉴于叶面积指数与作物系数的紧密关系,在不具备地面实测作物蒸散量的情况下,冯禹等通过实测叶面积间接估算作物系数,改进了传统的作物蒸发系数算法,结果玉米蒸散量的估算值与实测值具有很好的一致性[33]。

3.2.2　无人机数据

无人机遥感对作物系数信息的提取尚处于起步阶段，传统遥感总是尽量去除水分的干扰，以获取地物更精确的反射率信息。作物系数需要提取生态水方面的信息，有关学者也开展了大量的研究，仅利用了归一化水分指数一种模型，进行了多种模型的建立，最后选出了一种精度相对较高的方法。

提供的无人机数据波长范围为 402.9～901nm，波谱分辨率为 2.3nm，共计 214 个波段，空间分辨率为 0.2m。

选择"File"→"Open Image File"→"\ data \ 6 作物系数"，选择"1 试验田原始数据"文件，点击打开。在"Available Bands List"窗口，文件名右键→"Load True Color"，加载一景具有 16 块样本田的真彩色高光谱影像。

该数据具有 176 个波段，光谱范围为 400～1000nm，已经经过了辐射校正（图 3-19）。

3.2.3　地面实测数据

在无人机高光谱数据采集过程中，同步在地面，测量每块样本田的含水率，同时记录具体的位置信息，这里记录的是样本的像素值位置。样本田的编号顺序为从左至右，自上而下（图 3-20）。

图 3-19　加载的真彩色影像

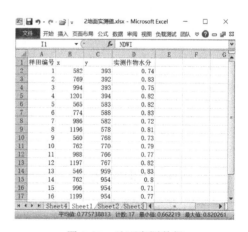

图 3-20　地面实测数据

3.2.4　假设条件

作物系数与叶片的归一化水分指数紧密相关，需要求解模型的系数，模型为：

$$y = aNDWI + b$$

其中，y 为作物系数；a、b 为模型的系数；$NDWI$ 为归一化水分指数。计算公式分别为：

$$NDWI = (NIR - G)/(NIR + G)$$

这里，NIR 选择 852nm，G 选择 554.1nm。

3.2.5 归一化水分指数提取

选择"Basic Tools"→"Band Math"，输入符合软件格式要求的增强型植被指数的模型"(b1-b2)/(b1+b2)"，点击"OK"（图3-21）。

b1、b2 依次指定为 852nm 和 554.1nm，保存文件到"\data\6作物系数"，命名为"3归一化水分指数结果"，点击"OK"（图3-22）。计算得到归一化水分指数计算结果。

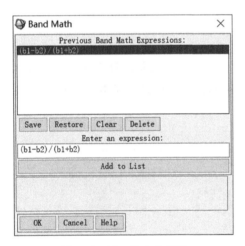

图3-21 归一化水分指数

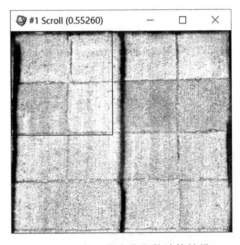

图3-22 归一化水分指数计算结果

3.2.6 数据整理

（1）加载数据

加载归一化水分指数，显示窗口单击右键→"Link Display"，点击"OK"。采集对应位置的指数值，用于后续建模。

打开"2地面实测值"，新建1列，用于存放水分指数值（图3-23）。

（2）灰度值显示

在水分指数窗口，单击右键→"Cursor Location/Value"，打开光标所在处

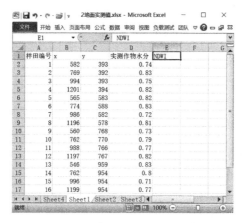

图 3-23　新建植被水分指数数据列

的灰度值显示窗口（图 3-24）。

（3）空间定位窗口

在水分指数窗口，单击右键→"Pixel Locator"，打开光标所在处的灰度值定位窗口。输入行列号后，可以精确进行定位。这里，图像没有空间坐标，实际应用中可以输入经纬度坐标（图 3-25）。

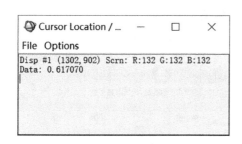

图 3-24　灰度值显示

图 3-25　空间定位窗口

（4）采集数据

根据 Excel 表中的行列号，依次将 16 个样本点的数据采集下来。输入后，点击"Apply"，就同时显示了归一化水分指数的灰度值。可以采用复制、粘贴的方法，避免误输入。最终生成一张水分测量数值与归一化水分指数对应的表格（图 3-26）。

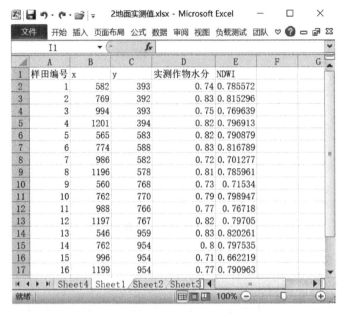

图 3-26 含量与指数的对应表

3.2.7 建立反演模型

(1) 插入散点图

在 Excel 中，选中"实测作物水分"和"NDWI"两列，选中"插入"→"散点图"，将生成一幅实测值与水分指数值的关系图（图 3-27）。

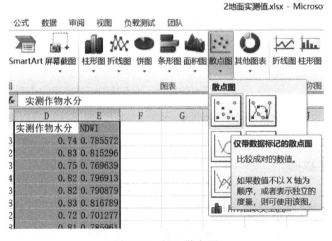

图 3-27 插入散点图

(2) 生成拟合线

选择散点图的点值，单击右键→"添加趋势线"。可以生成6种趋势线类型，分别是指数、线性、对数、多项式、幂和移动平均。这里，勾选"显示公式"和"显示R平方值"，用于显示相关性的大小（图3-28）。

可得出，指数模型：$y=0.2993e^{1.213x}$，$R^2=0.7356$；线性模型：$y=0.9087x+0.0636$，$R^2=0.7479$；对数模型：$y=0.7083\ln x+0.9493$，$R^2=0.7593$；多项式模型：$y=-11.848x^2+19.271x-7.0299$，$R^2=0.8615$；幂模型：$y=0.9765x^{0.946}$，$R^2=0.7476$。

(3) 优选模型

对比发现，多项式模型的拟合精度最高（图3-29）。

图3-28 趋势线的类型对比

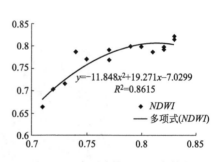

图3-29 多项式模型的拟合精度

因此，基于归一化水分指数的作物系数反演模型为：

$$y=-11.848NDWI^2+19.271\times NDWI-7.0299$$

3.2.8 数字制图

在建立回归方程的基础上，可以进行空间制图计算，打开 ENVI 软件，打开归一化水分指数结果数据。

选择"Basic Tools"→"Band Math"，输入上述方程的语法格式"-11.848*b1*b1+19.271*b1-7.0299"，点击"Add to List"，点击"OK"（图3-30）。选择对应的水分指数。保存到"\data\6作物系数"，命名为"4作物系数制图结果"，点击"OK"（图3-31）。

加载结果数据，并选择合适的颜色表达，可以形象地得出试验田的水分分布情况（图3-32）。

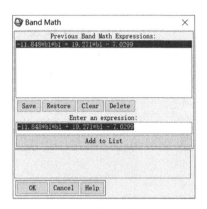
图 3-30　波段组合语法

图 3-31　波段组合运算计算作物系数

图 3-32　作物系数制图结果

3.3　叶绿素含量——相关性分析技术

3.3.1　原理

在农业信息应用中，反映作物光合能力的叶绿素被普遍认为是最重要的一种色素。叶绿素含量的指示作用体现在三个方面：作物的营养状况、作物的发育阶段和作物的初级生产力。因此，叶绿素含量是一个重要的生物化学参量（表3-3）。

表3-3 低空遥感技术在叶绿素含量提取中的典型应用

品种	地点	平台及传感器	测量高度及分辨率	提取算法与建模方法	叶绿素计算模型
玉米	河北省涿州市	六旋翼小型无人机，Sequoia 多光谱相机＋SPAD 502plus 叶绿素仪	50m，0.05m×0.05m	GRVI 等26种植被指数，相关性分析	$y=16.517\ln x+79.662$，其中，y 为叶绿素含量；x 为 MCARI 植被指数
马铃薯	北京市昌平区小汤山国家精准农业研究示范基地	八旋翼电动无人机，Parrot Sequoia 相机	20m，0.05m×0.05m	RVI 等26种植被指数，相关性分析	$y=43.30+3.76F_1+1.16F_2+2.05F_3+0.11F_4-0.99F_5+0.74F_6$，其中，$y$ 为叶绿素含量；F_i 为主成分变量
苹果	山东蒙阴县试验果园	地面遥感平台，FieldSpec3 便携式地物波谱仪	—，—	比值植被指数等4种植被指数，相关性分析	$y=-0.56(\log 1/R)_{771}-0.48(\log 1/R)_{1978}+0.20(\log 1/R)_{2407}-0.10(\log 1/R)_{2440}+4.749$，其中，$R_{771}$、$R_{1978}$、$R_{2407}$、$R_{2440}$ 分别为 771nm、1978nm、2407nm、2440nm 处的光谱反射率
棉花	石河子大学新疆作物高产研究中心试验站	地面遥感平台，ASD FieldSpec Pro FR 2500 便携式光谱仪	—，—	红边位置等6种红边参数，回归模型	$y=0.0053e^{0.0244x}$，其中，y 为叶绿素含量；x 为红边参数
水稻	湖北省武穴市梅川镇	地面遥感平台，FieldSpec Pro FR 光谱仪	1m，—	波段深度等5种特征指数，主成分分析	$y=80PRI^2+16PRI+2.4$，其中，y 为叶绿素含量；PRI 为光化学植被指数
苹果	山东省蒙阴县	地面遥感平台，ASD FieldSpec3 地物光谱仪	0.10m，—	红边位置等8种光谱参数，相关性分析	$y=-2.583S_r^2+6.3863S_r+0.0413$，其中，$y$ 为叶绿素含量；S_r 为红边面积

应用遥感技术提取叶绿素含量的研究分为两种思路。一是基于无人机平台，通过选取大量的植被指数，建立叶绿素含量与植被指数的相关方程。这种方法需要地面同步采样仪器获取叶绿素含量值，工作量较大。有学者在玉米[34]和马铃薯[35]叶绿素含量提取时，都选取了26种植被指数。优点是能够获取每一像元的叶绿素值。二是在地面上使用高光谱测量仪器，针对不同的作物选用不同的特征波段，对所选取的光谱数据进行转换后，建立回归方程。苹果的光谱经过倒数对数运算后，回归系数相对较高[36]；陈兵等对棉花叶绿素含量进行提取时，选

用 6 种红边参数，包括位置和深度等，建立了对数方程[37]；郑雯等研究发现，水稻波段深度比、面积深度比等 5 种特征指数，经过主成分分析后，能够建立回归系数达到 0.75 的叶绿素提取模型[38]；而对于苹果，朱西存等对比红边位置、红边斜率、红边面积等 8 种参量的建模效果后发现，以红边面积建立的模型，精度相对最高[39]。

3.3.2 无人机数据

叶绿素含量提取方法是本书的核心内容之一。这一方法是将地面采集数据或者实验室化验数据与每一波长数据进行相关性分析，挑出相关性最强的波段，是很多研究的常用方法。掌握这一方法，就可以从机理上发现和分析作物的特征波段。

提供的无人机数据波长范围为 402.9～901nm，波谱分辨率为 2.3nm，共计 214 个波段，空间分辨率为 0.2m。

选择 "File" → "Open Image File" → "\ data \ 7 叶绿素含量"，选择 "1 试验田原始数据" 文件，点击 "打开"。在 "Available Bands List" 窗口，文件名右键 → "Load True Color"，加载一景具有 16 块样本田的真彩色高光谱影像。

该数据具有 176 个波段，光谱范围为 400～1000nm，已经经过了辐射校正（图 3-33）。

3.3.3 地面实测数据

在无人机高光谱数据采集过程中，同步在地面，测量每块样本田的叶绿素含量，同时记录具体的位置信息，这里记录的是样本的像素值位置。样本田的编号顺序为从左至右，自上而下（图 3-34）。

图 3-33 加载的真彩色影像

图 3-34 地面实测数据

3.3.4 假设条件

假设作物叶片的叶绿素含量与高光谱仪所采集的个别波段数据反射率紧密相关,则从中挑出相关性最高的几个波段,这里不妨假设是5个波段,建立相应的模型:

$$y = ax_1 + bx_2 + cx_3 + dx_4 + ex_5 + f$$

其中,y 为叶绿素含量;a、b、c、d、e、f 为模型的系数;x_1,…,x_5 为与叶绿素含量相关性最高的前5个波段。

因此,关键是要挑出相关性最高的前5个波段。

3.3.5 数据采集与整理

(1) 光谱数据显示

在真彩色合成窗口,单击右键→"Z Profile (Spectrum)",打开光标所在处的光谱曲线显示窗口(图3-35)。

(2) 空间定位窗口

在真彩色合成窗口,单击右键→"Pixel Locator",打开光标所在处的灰度值定位窗口。输入行列号后,可以精确进行定位。这里,图像没有空间坐标,实际应用中可以输入经纬度坐标(图3-36)。

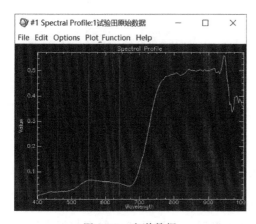

图3-35 光谱数据

图3-36 空间定位窗口

(3) 采集数据

根据Excel表中的行列号,输入行列号值后,点击"Apply",光谱曲线显示窗口就显示了这个位置的光谱数据。

在光谱曲线显示窗口，选择"File"→"Save Plot As"→"ASCII"，将第一个点位的光谱数据命名为"1号样本点"，点击"OK"。这样，就打开了1号样本点数据。

按照这个过程，依次采集16块样本田的光谱数据，命名按照"x号样本点"的规则。保存到文件夹"3采集的16个样本点光谱"（图3-37）。

（4）整理数据

现在需要将16条光谱数据导入到"2地面实测值"表格中去，进行相关性分析。

图3-37 含量与指数的对应表

新建一个Excel表格，用于打开ASCII数据。选择"文件"→"打开"，将文件格式设置为"所有文件"，打开"1号样本点"（图3-38）。

图3-38 读取ASCII格式的高光谱数据

文本导入第一步默认选项，第二步勾选分隔符号的"空格"，直接点击"完成"，打开了点位X：582，Y：393处的光谱数据。将波段和反射率数据进行框选（图3-39）。

按"Ctr+C"复制，打开"2地面实测值"表，光标放置到E1位置，单击右键，选择转置复制（粘贴选项的第四个图标），完成对第一个样本点反射率数据的整理（图3-40）。

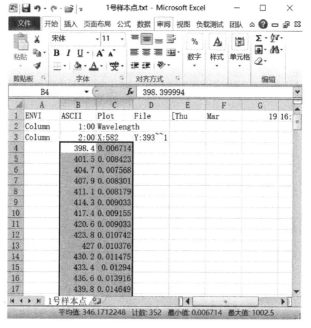

图 3-39 框选波段和反射率数据

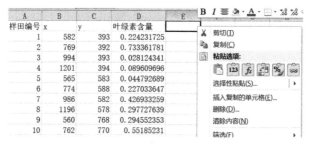

图 3-40 对 1 号样本点的整理

按照这一过程,依次将其余 15 个样本点进行转置复制。这里,由于波段是相同的,后续的 15 个点位仅需要复制第二列反射率数据即可。最后生成叶绿素含量与每个波段反射率相对应的表格(图 3-41)。

3.3.6 相关性分析

① 在 Excel 中,选择"数据"→"数据分析"→"相关系数",点击"确定"(图 3-42)。

② 在输入区域,框选 D2 至 FX17 列,这里不要框选第一行。点击"确定"(图 3-43)。

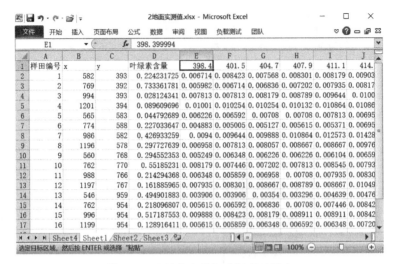

图 3-41 叶绿素含量与反射率对照表

图 3-42 相关分析工具

图 3-43 选中叶绿素和反射率数据

③ 这样就生成了一张新数据表 Sheet4，表中记录了所有列数据两两的相关系数。新建一个 Sheet5，将 A、B 两列数据复制粘贴到 Sheet5 中。这两列数据就是叶绿素含量与全部 176 个波段的相关系数（图 3-44）。

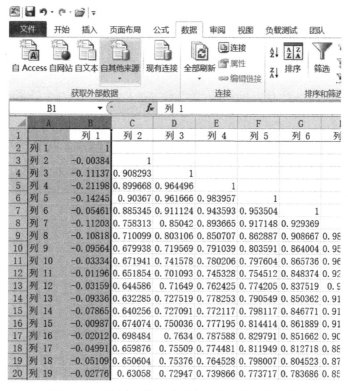

图 3-44　叶绿素和每一个波段反射率的相关系数

④ 将 B 列命名为"原始相关系数"，在它后面新建一列，命名为"波段"，方便提取波长。从任意一个样本数据里，将波长拷贝进来。这里要从 C3 位置开始存放。在 D 列新建一列，求解相关系数的绝对值。观察原始相关系数，部分波长与含量是正相关，部分波长与含量是负相关，需要求解出绝对值最大的前 5 个波段（图 3-45）。

⑤ 选择 D 列"相关系数绝对值"，"数据"→"排序"→"降序"→"扩展选定区域"，点击"排序"（图 3-46）。

⑥ 得出与叶绿素含量相关程度最高的前 5 个波段分别为：943.1nm、950.5nm、946.8nm、954.2nm、991.3nm。

⑦ 将叶绿素含量和这 5 个波段数据单独拷贝出来，放到新建的 Sheet6 中（图 3-47）。

图 3-45 添加波长和求解相关系数绝对值

图 3-46 相关系数排序

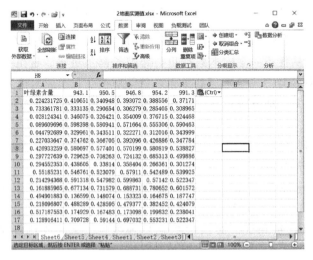

图 3-47 叶绿素含量与相关系数最高的前 5 个波段数据

3.3.7 建立回归方程

① 在 Sheet6 中，选择"数据"→"数据分析"，选择"回归"，点击"确定"，将回归分析窗口打开。

② 在输入处，Y 值输入区域，选择"叶绿素含量"。X 值输入区域，选择"943.1、950.5、946.8、954.2、991.3"五列数据。

③ 将结果输出到新工作表组，勾选"残差"和"标准残差"，用于后续分析。设置完毕后，点击"确定"（图 3-48）。

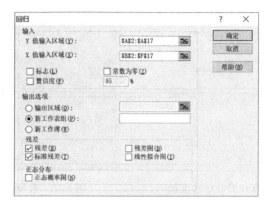

图 3-48 回归分析参数设置

④ 软件的计算结果将以表格的形式呈现，可以看出多元回归系数是 0.349，而 5 个波段的回归系数分别为 -1.030、0.087、0.863、-0.396、0.0975，截距为 0.471。四舍五入后，整理出叶绿素含量回归方程为：

$$y = -1.030B_{943.1} + 0.087B_{950.5} + 0.863B_{946.8} - 0.396B_{954.2} + 0.0975B_{991.3} + 0.471$$

3.3.8 数字制图

① 在建立回归方程的基础上，可以进行空间制图计算，打开 ENVI 软件，加载"1 试验田原始数据"。

② 选择"Basic Tools"→"Band Math"，输入上述方程的语法格式"-1.030 * B943 + 0.087 * B950 + 0.863 * B946 - 0.396 * B954 + 0.0975 * B991 + 0.471"，点击"Add to List"，点击"OK"。依次选择对应的波长。

③ 保存到"\data\7 叶绿素含量"，命名为"4 叶绿素含量计算结果"，点击"OK"（图 3-49）。

④ 加载结果数据，并选择合适的颜色表达，可以形象地得出试验田的叶绿素含量分布情况（图 3-50）。

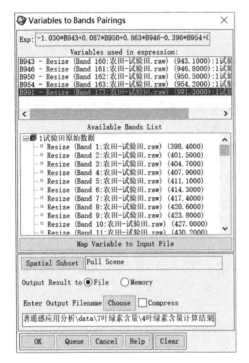

图 3-49 波段组合运算计算叶绿素含量

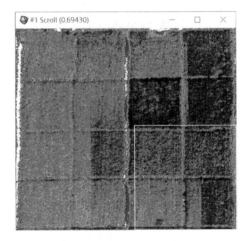

图 3-50 叶绿素含量制图结果

3.4 营养元素含量——间接提取技术

3.4.1 原理

无人机遥感在农林业应用的初衷是实现精准农业。氮、磷、钾等营养肥料常用于农业生产，施肥不足，会导致作物产量和品相受到影响，而施肥过量，在造成经济损失的同时，还会对环境造成污染。氮含量是反映作物营养状况的重要指标之一，而且是植物光合作用效率和营养状况的指示剂[40]。通过无人机遥感模型的建立，科学评价作物的营养元素含量，是现阶段精准农业的现实需求（表3-4）。

针对水稻叶片全氮含量的估测，秦占飞等在研究 20 种植被指数的基础上，得出 738nm 和 522nm 的比值光谱指数，经过一阶求导后，能够建立均方根误差 0.329 的模型[41]。采用类似思路，刘帅兵等建立冬小麦氮含量与 25 个植被指数的相关模型，经过主成分分析后，得出冬小麦植株不同部位氮含量的反演效果，存在叶片氮含量大于茎的规律[42]。

表 3-4 低空遥感技术在营养元素含量提取中的典型应用

品种	地点	营养元素含量/浓度	平台及传感器	测量高度及分辨率	提取算法与建模方法	营养元素含量计算模型
水稻	宁夏平原引黄灌区	植株全氮含量	无人机遥感平台，Cubert UHD185机载成像光谱仪+HR-1024i便携式地物光谱仪	100m，0.32m×0.32m	归一化光谱指数等20种光谱指数，偏最小二乘回归方法	$y=0.201x+1.185$，其中，y为全氮含量；x为738nm和522nm的比值植被指数
冬小麦	北京市昌平区小汤山国家精准农业研究示范基地	植株氮含量	Ricopter 八旋翼无人机，索尼Cyber-shot DSC-QX100镜头	50m，—	红绿反射比指数等25种光谱参量，主成分分析和多元线性回归	$y=0.8155x+0.712$，其中，y为氮素含量实测值；x为估测值
冬小麦、玉米	中国科学院栾城农业生态系统试验站	植株氮含量	大疆S900六悬翼无人机，尼康D7000数码相机+SPAD-502叶绿素仪	8~55m，—	红光标准化值等4种光谱参量，相关性分析	冬小麦：$y=1.05x$，玉米：$y=0.9768x$，其中，y为实测值；x为估算值
棉花	新疆石河子市	植株氮含量	3DR Solo四旋翼无人机，RedEdge M多光谱传感器	40m，0.0282m×0.0282m	比值植被指数等8种光谱指数，相关性分析	回归模型
土壤	山东省齐河县	植株有效磷含量	地面遥感平台，ASD FieldSpec3 光谱仪	0.15m，—	求导等6种光谱变换方法，一元线性回归	$y=15411553125616.00x^3-26230997840.40x^2+13977745.61x-2203.83$，其中，$y$为有效磷含量；$x$为反射率对数的一阶导数值
土壤	山东省齐河县	植株速效钾含量	地面遥感平台，ASD FieldSpec3 光谱仪	0.15m，—	一阶导数，小波分析	$y=0.9675x+3.0254$，其中，y为预测值；x为实测值
小麦叶片	滑县试验区	植株氮含量	地面遥感平台，ASD FieldSpec HandHeld	1m，—	微分归一化氮指数等16种光谱参数，相关性分析	$y=3.2127x+1.8445$，其中，y为氮含量；x为归一化指数

续表

品种	地点	营养元素含量/浓度	平台及传感器	测量高度及分辨率	提取算法与建模方法	营养元素含量计算模型
小麦	江苏省农业科学院	植株氮含量	FieldSpec Pro FR2500型高光谱仪	1m,—	归一化光谱指数等3种光谱指数,相关性分析	$y=4.690e^{-1.13x}$,其中,y为氮含量;x为691nm和711nm求导后的比值光谱指数
水稻	江苏省农业科学院实验农场	植株氮浓度	FieldSpec Pro FR2500型高光谱仪	1m,—	倒高斯模型红边位置等6种红边位置算法,相关性分析	$y=1.7592e^{0.3514x}$,其中,y为氮浓度;x为线性插值红边位置

李红军等对比夏玉米和冬小麦氮素营养诊断模型,发现冬小麦的适宜诊断参数是大气阻抗植被指数,而夏玉米的诊断参数是蓝光标准化值,通过与农户施肥量的数据进行对比,得出无人机图像提取结果在空间上与实际情况吻合的结论[43]。棉花光学参数易受土壤背景的干扰,陈鹏飞等采用统计图像纹理特征值的方法,去除背景干扰后,建立了纹理特征与植株氮浓度的相关模型,提高了模型的精度[44]。

在土壤成分的有效磷和速效钾估测方面,高会等采用地面光谱仪,通过对光谱进行一系列的变换,建立其与有效磷含量的回归模型,确定了敏感波段是711nm,模型决定系数达到了 0.9591[45];速效钾的含量与光谱相关性不强,建模误差较大,针对这一问题,陈红艳等选用小波分析对土壤光谱进行分解后,再建立回归模型,得出了最优的分解层数和小波系数,模型决定系数达到了 0.976[46]。

此外,在地面高光谱仪研究方面,翟清云等针对小麦叶片,选用归一化植被指数,建立线性方程[47];姚霞等针对小麦叶,选用691nm和711nm求导后的比值光谱指数,建立指数模型[48];田永超等将水稻光谱的红边位置反射率作为自变量,建立指数模型[49],都能够对植株的氮含量进行较高精度的估测,验证了光谱与营养元素的紧密关系。

3.4.2 无人机数据

在作物营养元素含量难以提取时,可以针对化验数据,建立这种营养元素含量与容易提取的信息的回归关系,实现营养元素含量的间接提取。这种思路在进行微量元素的提取时,常常能够发挥很好的作用。

提供的无人机数据波长范围为 402.9～901nm，波谱分辨率为 2.3nm，共计 214 个波段，空间分辨率为 0.2m。

选择"File"→"Open Image File"→"\data\8 营养元素"，选择"1 试验田原始数据"文件，点击"打开"。在"Available Bands List"窗口，文件名单击右键→"Load True Color"，加载一景具有 16 块样本田的真彩色高光谱影像。

该数据具有 176 个波段，光谱范围为 400～1000nm，已经经过了辐射校正（图 3-51）。

图 3-51 加载的真彩色影像

3.4.3 地面实测数据

在无人机高光谱数据采集过程中，同步在地面，测量每块样本田的叶绿素含量和全氮含量，同时记录具体的位置信息，这里记录的是样本的像素值位置。样田的编号顺序为从左至右，自上而下（图 3-52）。

样田编号	x	y	叶绿素含量	全氮含量
1	582	393	0.224231725	0.433261449
2	769	392	0.733361781	0.70405153
3	994	393	0.028124341	0.257003783
4	1201	394	0.089609696	0.498191877
5	565	583	0.044792689	0.721582127
6	774	588	0.227033647	0.23891349
7	986	582	0.426933259	0.538839333
8	1196	578	0.297727639	0.397111673
9	560	768	0.294552353	0.061955907
10	762	770	0.55185231	0.180014749
11	988	766	0.214294368	0.371168669
12	1197	767	0.161885965	0.688393631
13	546	959	0.494901883	0.63193724
14	762	954	0.218096807	0.911616598
15	996	954	0.517187553	0.816788171
16	1199	954	0.128916411	0.111196702

图 3-52 地面实测数据

3.4.4 假设条件

在实际应用中,作物的营养元素含量信息常常比较微弱,直接从光谱上反演难度较高。因此,这里采用间接提取的思路,假设作物叶片的全氮含量与叶绿素含量紧密相关,则首先按照上述流程,反演出叶绿素含量后,可以间接提取营养元素含量。即:

$$y = ax_{叶绿素含量} + b$$

其中,y 为全氮含量;a、b 为模型的系数;$x_{叶绿素含量}$ 为叶绿素含量的计算结果。因此,关键是要提取模型的系数 a 和 b。

3.4.5 回归分析

① 在 Excel 中,选择"数据"→"数据分析"→"回归",点击"确定"(图 3-53)。

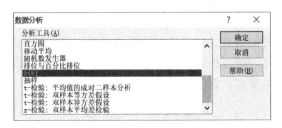

图 3-53 回归分析工具

② 在输入处,Y 值输入区域,选择"全氮含量";X 值输入区域,选择"叶绿素含量"。

③ 将结果输出到新工作表组,勾选"残差"和"标准残差",用于后续分析。设置完毕后,点击"确定"(图 3-54)。

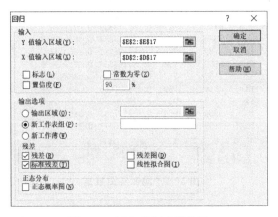

图 3-54 回归分析参数设置

④ 软件的计算结果将以表格的形式呈现,可以看出多元回归系数是 0.201,回归系数为 0.259,截距为 0.397。整理出全氮含量回归方程为:

$$y = 0.259 x_{\text{叶绿素含量}} + 0.397$$

3.4.6 数字制图

① 在建立回归方程的基础上,可以进行空间制图计算。打开 ENVI 软件,加载"3 叶绿素含量计算结果"。

② 选择"Basic Tools"→"Band Math",输入上述方程的语法格式"0.259 * b1+0.397",点击"Add to List",点击"OK"。选择"3 叶绿素含量计算结果"。

③ 保存到"\data\8 营养元素",命名为"4 全氮含量计算结果",点击"OK"(图 3-55)。

④ 加载结果数据,并选择合适的颜色表达,可以形象地显示试验田的全氮含量分布情况(图 3-56)。

图 3-55 波段组合运算计算全氮含量

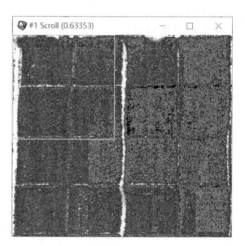

图 3-56 全氮含量制图结果

第 4 章

农作物胁迫信息提取

作物常受各类因素胁迫,胁迫指标包括异常因素胁迫、病虫害及作物衰老等。分别通过异常信息提取技术、农作物胁迫信息提取技术以及森林健康提取技术可实现信息提取。

4.1 异常因素胁迫——异常信息提取技术

4.1.1 原理

作物受到异常因素的胁迫,导致其生长、分布和产量等受到影响和制约。常见的胁迫因素有营养元素异常、干旱、矿产分布和极端天气等(表4-1)。

梁亮等研究了小麦生长季不同施肥量和浇水量下受到的氮胁迫和水胁迫,通过设置一定的级差,用叶面积表征叶片含水量,得出730nm与955nm处一阶导数的差值,建立的模型对水分胁迫敏感[50]。陈智芳等为了建立具有普适性的冬小麦叶水势模型,对4种植被指数与不同冠层含水量的相关性进行了探索,得出基于特征植被指数的模型,能够解决水分不足时土壤背景的干扰问题[51]。

表 4-1　低空遥感技术在异常因素提取的典型应用

品种	地点	胁迫类型	平台及传感器	测量高度及分辨率	提取算法与建模方法	异常胁迫计算模型
小麦	北京市昌平区小汤山精准农业研究示范基地	氮胁迫与水胁迫	机载遥感平台，OMIS+FieldSpec Pro FR	1000m，3m×3m	NDII 等 20 个光谱参量，线性回归	$y=0.091\ln x+0.760$，其中，y 为叶片含水量；x 为 730 与 955nm 处一阶导数的差值
冬小麦	中国农业科学院农田灌溉研究所七里营试验基地	叶水势胁迫	地面遥感平台，Field Spec HandHeld+Model 600 植物水势仪	1m，—	优化土壤调整植被指数等 4 种植被指数，相关性分析	$y=-40.549x^2+69.118x-29.943$，其中，$y$ 为叶水势值；x 为优化土壤调整植被指数
棉花	新疆石河子大学作物高产研究中心试验站	水分胁迫	地面遥感平台，ASD FieldSpec FR2500	0.5m，—	7 种归一化差值光谱指数，相关性分析	$y=9229x+345.74$，其中，y 为产量；x 为抗大气植被指数
水稻	南京农业大学牌楼试验站	水分胁迫	地面遥感平台，FieldSpec FR Pro 2500	—，—	比值植被指数等 3 种植被指数，相关性分析	多元线性回归模型
茶鲜叶	江苏吟春碧芽股份有限公司镇江种植基地	水分胁迫	地面遥感平台，ImSpector V10E，	—，—	逐一引入波段，多元线性回归	最佳预测模型为 SG-OSC-SW-PLSR 模型
白茎绢蒿	新疆阿勒泰富蕴县希勒库都克矿区	铜钼矿胁迫	动力三角翼，Hyspex 高光谱传感器+ASD FieldSpec3	—，—	分形维数，偏最小二乘+支持向量机分类，随机森林分类	10 波段模型
小麦	中国农业科学院农业环境与可持续发展研究所附属试验站盆栽试验	霜冻害胁迫	地面遥感平台，ESPEC PU-4Kp 霜箱+ASD FieldSpec	0.3m，—	基于光谱位置、面积和指数共 15 个参量，相关性分析	相关性模型

注："—"表示资料未显示具体数据，下同。

在对干旱区棉花受水分胁迫的研究中，白丽等发现肥水胁迫能够在近红外波段反射率有显著变异，同时，找出了670nm、890nm等对产量预测有显著意义的特征波段[52]。不同浇水量情况下，水稻表现出在700～1900nm处反射率随着水量吸收逐渐降低的规律，经过一阶导数处理后，叶片含水量最敏感的波段是1407nm，据此，刘小军等建立了估算水稻叶片含水量的模型[53]。

茶叶的含水率是评价茶叶质量的重要指标，戴春霞等采用逐步回归分析的方法，提取了870～1770nm范围内的特征波段，建立逐步回归模型，得出了高光谱特征波段、处理方法、建模方法的最佳组合方式，相关系数达到了0.8977[54]。常规的植被覆盖会限制高光谱找矿的精度，通过分析特定矿产的矿床上生长的具有指示性的植被光谱，有助于提高找矿效率。崔世超等针对受铜钼矿胁迫的白茎绢蒿，通过有矿植物和背景区的对比，找出了10个差异明显的特征波段，建立了相应的预测模型[55]。

此外，冬小麦受霜冻胁迫后，光谱的红谷逐渐不明显，光谱曲线吸收谷和反射峰逐步平滑，同时，伴有红边蓝移和红谷红移的现象，可以利用这些规律对冻害进行分级评价[56]。

4.1.2 无人机数据

以干旱胁迫为例，针对冬小麦进行了试验和提取。按照建立遮掩层、异常信息提取、数字制图等步骤，能够将受胁迫地块科学地提取出来。

提供的无人机数据波长范围为398.1～1002nm，波谱分辨率为3.0nm，共计176个波段，空间分辨率为0.1m。

在ENVI新版界面中，选择"File"→"Open"→"\data\9异常因素胁迫"，选择"1干旱胁迫影像"文件，点击"打开"，自动加载一景具有冬小麦真彩色高光谱影像。

该数据具有176个波段，光谱范围为400～1000nm，已经经过了辐射校正（图4-1）。

4.1.3 建立遮掩层

在提取异常因素胁迫前，需要将农田外的干扰因素进行去除，方法是建立一个遮掩层，在提取时，只提取农田内部的信息，忽略外围数据。

① 选择"File"→"New"→"Vector Layer"，打开感兴趣窗口。
② 依次在图像上追踪农田的边界，在闭合区域单击右键（图4-2）。
③ 在感兴趣窗口，选择"File"→"Export"→"Export to Classic"，保存到"\data\9异常因素胁迫"，命名为"2异常探测区域"，点击"OK"（图4-3）。

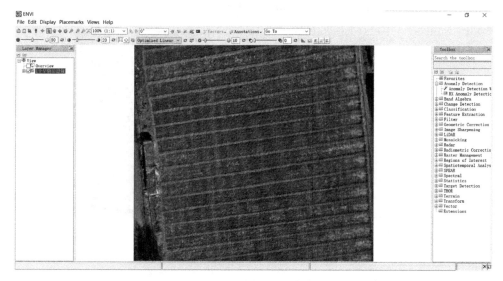

图 4-1 加载的真彩色影像

图 4-2 绘制感兴趣区

④ 在"Toolbox"中，选择"Vector"→"Classic ROI to Shapefile"，选择"2 异常探测区域.roi"文件，打开。在"Select Data File associated with ROIs"窗口，选择"1 干旱胁迫影像"，点击"OK"。将该文件保存到"\data\9 异常因素胁迫"。

在主界面中，选择"File"→"Open"，打开"2 异常探测区域.shp"文件，这样，就生成并加载了一景遮掩层 shp 文件（图 4-4）。

图 4-3 保存感兴趣区

图 4-4 感兴趣区 shp 文件

4.1.4 异常信息提取流程

（1）打开异常探测工具

在"Toolbox"中，选择"Anomaly Detection"→"Anomaly Detection Workflow"。

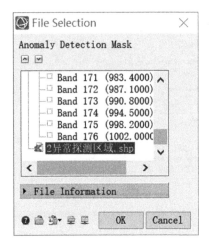

图 4-5 设置遮掩层

（2）选择文件和设置遮掩层

选择输入文件，"Input Raster"选择"1干旱胁迫影像"。"Input Mask"选择"2异常探测区域"（图 4-5）。

（3）设置异常探测方法

RXD（Reed-XiaoliDetector）算法是异常信息提取流程提取算法的核心，原理是根据目标与背景的光谱差异，提取出异常目标。该算法擅长提取小的异常目标和微弱光谱变异的目标。算法有三种：

① RXD。是默认的标准 RXD 算法。

② UTD。是 Uniform Target Detector 的简称，和 RXD 提取的结果相同，但不是使用数据样本矢量，而是使用单位矢量；UTD 提取背景信号作为异常，并且提供一个影像背景的评估。

③ RXD-UTD。是一种混合算法，是 UTD 算法的变种。从 RXD 中减去

UTD来压缩背景，增强异常。当异常与背景具有相似的能量级别时，最适合使用 RXD-UTD 算法。

这里异常探测方法选择 RXD。计算均值时，可以选择异常像素是从全局或者局部值中挑出的，如果选择局部，那么 Kernel Size 字段可用，Kernel Size 围绕着给定的像元创建一个平均光谱，默认值是 9，可允许的值是 9~99，值必须是奇数。这里选择全局。

勾选"Suppress Vegetation"可用来抑制结果中的植被异常，由于关注的是植被异常，因此，这里不要勾选。点击"Next"（图 4-6）。

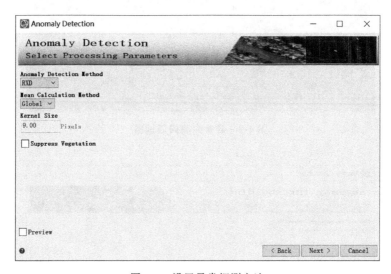

图 4-6　设置异常探测方法

（4）异常探测阈值

在阈值设置部分，可以勾选预览"Preview"，逐步试验出合适的阈值。阈值的设置与每个研究区的实际情况息息相关，需要在计算效率和提取精度中取得平衡（图 4-7）。通过试验，这里将阈值设置为 7.00，可以将受干旱胁迫的因素提取出来（图 4-8）。

（5）计算结果导出

在输出文件的面板中，"Export Anomaly Detection Image"导出结果为 ENVI 格式的栅格；"Export Anomaly Detection Vector"导出矢量格式的文件；支持"shapefile"，输出单位为平方米。

在附带的导出选项中，"Export Anomaly Detection Statistics"保存阈值影像的统计结果，输出的面积单位是平方米；"Export Unthresholded Anomaly Detection Image"导出非阈值的异常检测结果为影像，支持的输出格式是 ENVI 和

图 4-7 异常探测阈值试验

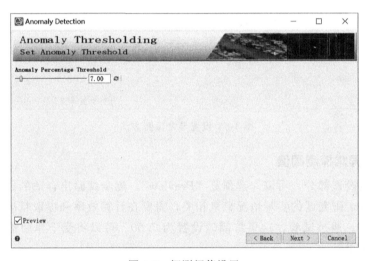

图 4-8 探测阈值设置

TIFF。

这里都勾选,命名按照软件默认即可。点击"Finish"。

4.1.5 数字制图

至此,提取出这块冬小麦农田受干旱胁迫的结果(图 4-9)。

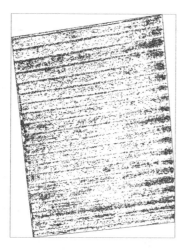 

图 4-9 干旱胁迫区域提取结果

4.2 病虫害——农作物胁迫信息提取技术

4.2.1 原理

粮食作物、经济作物都会受到病虫害的影响，作物在受到病虫害侵袭后，会出现枯黄、凋零和枯萎等情况[57]，从而胁迫光谱出现漂移，为应用高光谱识别技术识别病虫害提供了理论依据（表 4-2）。

表 4-2 低空遥感技术在病虫害提取中的典型应用

品种	地点	病虫害类型	平台及传感器	测量高度及分辨率	提取算法与建模方法	病虫害计算模型
水稻	山东省济宁市陈庄农林科技园	稻田白穗	S900 多旋翼无人机，松下 GH4 相机	1.5m，—	Haar-like 组合模型	AdaBoost 算法
水稻	浙江省优质早籼品种（室内测量）	穗颈瘟	HandHeld FieldSpec 光谱仪	—，—	MSC 处理，相关性分析	$y=51.579x-10.793$，其中，y 为病情指数；x 为 685nm 处反射率
水稻	南京农业大学江浦农场	稻纵卷叶螟	ASD FieldSpec HandHeld 便携式光谱仪	0.1m，—	归一化植被指数等 17 个植被指数，相关性分析	$y=-454.37x+379.52$，其中，y 为卷叶率；x 为归一化植被指数

续表

品种	地点	病虫害类型	平台及传感器	测量高度及分辨率	提取算法与建模方法	病虫害计算模型
小麦	河南农业大学科教示范园区大田	白粉病	地面遥感平台,FieldSpec HandHeld 光谱仪	1.0m,—	12种植被指数或参量,相关性分析	$y=8.642x-259.5$,其中,y为病情指数;x为红边宽度
油茶	湖南省浏阳市镇头镇土桥村林场	炭疽病	ASD手持式野外光谱辐射仪	1.2m,—	一阶微分,相关性分析	$y=-37.515x-58.114$,其中,y为病情指数;x为波段一阶微分的对数
棉花	新疆农垦科学院棉花研究所黄萎病病圃试验田	黄萎病	地面遥感平台,ASD FieldSpec Pro FR 2500 光谱仪+GFS-3000 光合作用测定系统	—,—	归一化指数等14个植被指数,相关性分析	$y=21.696x+13.574$,其中,y为净光合速率;x为732nm和688nm处导数光谱的生理反射指数
花生	中国矿业大学	霉变	地面遥感平台,SOC710 便携式高光谱成像光谱仪	—,—	J-M距离,连续小波变换	特征空间可分模型
油松	辽宁省凌源市	红脂大小蠹	大疆"悟"系列第二代四旋翼航拍机,奥林巴斯25mm F1.8定焦镜头	50~75m,—	深度学习算法	深度可分离卷积模型
荒漠林	新疆古尔班通古特沙漠南缘	大沙鼠	固定翼无人机,索尼NEX7相机	—,—	坡度、坡向、海拔、地形起伏度分析,多元回归算法	DEM模型
荒漠林	新疆古尔班通古特沙漠南缘	大沙鼠	固定翼无人机,索尼NEX7相机	125m,0.024m×0.024m	目视解译法,最大似然法、面向对象法	空间分析模型

粮食作物如水稻病虫害方面,王震等采用无人机在航高1.5m进行低空成像,基于机器学习的图像分类器,可以识别出水稻白穗病害,识别率达到了93.62%[58]。张浩等设计出水稻穗颈瘟的病情指数,通过分析病情指数与685nm、711nm的相关性,建立了相关系数达到0.928的一元线性模型[59]。黄建荣等在对比17种植被指数与稻纵卷叶螟病虫害卷叶率相关关系的基础上,建立了回归模型,识别准确率最高能达到90%[60]。冯伟等将小麦的病情指数与叶面积指数相除,建立了改进的病情指数模型,通过与12种植被指数进行相关分析,掌握了不同白粉病作用下的光谱变化规律,研究得出红边宽度能监测白粉病[61]。

经济作物方面,伍南等分析病情指数与冠层导数的关系,建立了油茶炭疽病监测反演模型,相关系数达到了0.869[62]。陈兵等建立棉花黄萎病与光合参数的关系模型,对光合速率、气孔导度和蒸腾参数等敏感波段进行了寻找,提取了一系列监测黄萎病的光合生理参数[63]。乔小军等将花生分为霉变和健康两类,在室内获取光谱数据,发现霉变和健康花生的光谱响应存在显著差别,通过一阶微分和小波变换,计算了两类花生的 J-M 距离[64]。

在林业监测方面,孙钰等针对受红脂大小蠹影响的油松,建立了一套无人机实时监测系统,在自动化卷积网络算法的支持下,识别虫害的准确率达到97.22%,对林业虫害预警有积极意义[65]。荒漠林常常受到鼠害影响,马涛等采用固定翼无人机搭载真彩色相机,通过建立数字高程模型,发现了大沙鼠分布的地形特征[66];温阿敏等对比目视解译、分类算法和面向对象方法后,建立了一套空间分析模型[67]。

4.2.2 无人机数据

以茶园受病虫害胁迫为例,可采用植被胁迫工具,实现受胁迫作物的快速提取。这种方法对于病虫害类型的地区较为适合。在已知病虫害类型的情况下,需要单独对病虫害前后的光谱进行分析,开展更为详细的信息提取。

提供的无人机数据波长范围为 398.1~1002nm,波谱分辨率为 3.0nm,共计 176 个波段,空间分辨率为 0.1m。

选择"File"→"Open Image File"→"\data\10 病虫害",选择"1 病虫害数据"文件,点击"打开"。在"Available Bands List"窗口,"RGB Color"分别选择"R:641.6nm""G:550.8nm"和"B:459.1nm",加载一景具有茶园的真彩色高光谱影像。

该数据已经经过了辐射校正(图 4-10)。

图 4-10 加载的真彩色影像

4.2.3 胁迫提取

使用植被胁迫工具能够创建农作物受病虫害胁迫的空间分布图，可用于精确农业分析。受病虫害胁迫的作物不能有效地利用氮和光能，表现为受胁迫较重；而健康生长的作物则表现为受较轻的胁迫。从农作物胁迫的空间分布图上判断出适合农作物生长的区域。

① 选择"Spectral"→"Vegetation Analysis"→"Agricultural Stress"，选择"1 病虫害数据"。

② 软件根据数据的波段分布范围，自动显示能够计算的各类指数。

选择绿度指数"Greenness Index"，优先选择窄带绿度指数。可设置一个最小绿度指数"Minimum valid greenness value"：0.2000，低于这个值的区域不参与计算，被掩膜掉。

选择冠层水分含量指数或者冠层氮含量"Canopy Water or Nitrogen Index"：Water Band Index。

选择光利用率指数或者叶绿素指数"Light Use Efficiency or Leaf Pigment Index"：Photochemical Reflectance Index。

③ 将计算结果保存到"\data\10 病虫害"，命名为"2 病虫害计算结果"。点击"OK"（图 4-11）。

4.2.4 数字制图

结果是以 ENVI 分类结果的格式输出，根据农作物胁迫性情况分为 9 类，级别越高，病虫害危害越严重。颜色越红的作物，受胁迫越严重（图 4-12）。

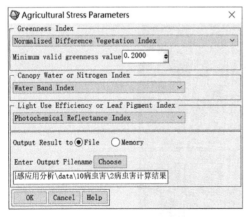

图 4-11 病虫害胁迫提取设置

图 4-12 病虫害胁迫提取结果

4.3 作物衰老——森林健康提取技术

4.3.1 原理

作物衰老评价的目的是掌握作物的健康状况,尽早发现作物的退化、品质下降和枯死情况(表4-3)。宋以宁等以松树无人机图像为数据源,通过分析枯死树木纹理、阈值分割和聚类特征,发现了基于线性谱聚类超像素的方法,能够快速发现枯死树木[68]。在450~780nm范围内,杜华强等将红边位置等4个光谱参数进行分形测量,掌握了不同健康程度的针叶林和阔叶林分形维数规律,分别建立了分形维数与绿峰反射高度、红谷吸收深度和红边面积的回归模型[69]。

表4-3 低空遥感技术在作物衰老提取的典型应用

品种	地点	衰老类型	平台及传感器	测量高度及分辨率	提取算法与建模方法	作物衰老计算模型
松树	辽宁省凌源市油松林地	枯死	大疆Inspire2四旋翼航拍机,大疆x5s可见光相机	30~240m, 0.01m×0.01m	线性聚类,纹理分割	线性谱聚类超像素模型
针叶和阔叶林	浙江林学院植物园	健康状况差	地面遥感平台,FieldSpec full range 野外光谱测量仪	—,—	红边位置等4种植被指数,分形	$y_{针叶}=1.1855+0.2388x_1-0.0598x_2-0.0666x_3$;$y_{阔叶}=1.0552+0.0297x_1+0.1319x_2+0.1139x_3$。其中,$y$为分形维数;$x_1$为绿峰反射高度;$x_2$为红谷吸收深度;$x_3$为红边面积
草地	内蒙古自治区呼伦贝尔草地	退化	地面遥感平台,FieldSpec3便携式光谱仪	1.1m,—	光谱特征规则,混合光谱分解	多元线性回归模型
牧草	青海湖环湖地区	品质差	地面遥感平台,FieldSpec3便携式光谱仪	0.5m,—	波段比值参数,小波变换	$y=-25939x+20.459$,其中,y为草地粗蛋白含量;x为424nm处的光谱参量

针对牧草地,王焕炯等总结了不同草种的光谱识别规则,通过混合光谱分解,针对草地退化提供了典型端元光谱,便于科学掌握草地退化情况[70]。马维维等对不同的光谱处理方法,进行了光谱与牧草的粗蛋白、脂肪和纤维的相关性分析,找出了每种指标的最佳提取波段和估算模型[71]。

4.3.2 无人机数据

以一片森林健康程度评价为例,采用森林健康评价工具,可实现森林(作物)衰老的快速提取。在实际应用中,采用面向对象或光谱角方法,也可以较为精确地提取森林的健康信息。

提供的无人机数据波长范围为402.9~901nm,波谱分辨率为2.3nm,共计214个波段,空间分辨率为0.2m。

选择"File"→"Open Image File"→"\data\11作物衰老",选择"1高光谱数据"文件,点击"打开"。在"Available Bands List"窗口,文件名单击右键→"Load True Color",加载一景在森林采集的高光谱影像(图4-13)。

图4-13 加载的真彩色影像

4.3.3 衰老信息提取

林木健康工具用于创建整个森林区域衰老程度的空间分布图。可用于检测病虫害、生长周期和枯萎病的发生情况,也可以用于评估林区的蓄木量。使用的植被指数包括:绿度——表面绿色植被的分布;叶绿素——标识类胡萝卜素以及花青素的含量;冠层水分含量——标识水分含量;光使用效率——标识森林生长率。

① 选择"Spectral"→"Vegetation Analysis"→"Forest Hearth",选择"1高光谱数据"。

② 软件根据数据的波段分布范围,自动显示能够计算的各类指数。

选择绿度指数"Greenness Index",优先选择窄带绿度指数。可设置一个最小绿度指数"Minimum valid greenness value":0.2000,低于这个值的区域不参与计算,被掩膜掉。

选择叶绿素指数"Leaf Pigment Index":Carotenoid Reflectance Index 1。

选择冠层水分含量指数或者光利用率指数"Canopy Water or Light Use Efficiency Index":Photochemical Reflectance Index。

③ 将计算结果保存到"\data\11作物衰老",命名为"2作物衰老计算结果"。点击"OK"(图4-14)。

4.3.4 数字制图

结果是以 ENVI 分类结果的格式输出，根据森林的衰老情况分为 9 类，级别越低，森林衰老情况越严重。颜色越红的作物，森林相对越健康（图 4-15）。

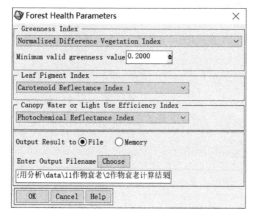
图 4-14 森林（作物）衰老提取设置

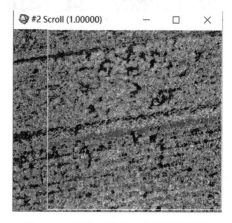
图 4-15 森林（作物）衰老提取结果

第 5 章

农作物产量信息提取

分别应用面向对象图谱合一提取技术、多指数决策树技术和人工智能信息提取技术,可对作物净同化率、蛋白质含量和生物量等农作物产量指标信息进行提取。这三种方法对智慧农业信息提取具有很好的指引作用。随着数据量的增加,必将成为新的研究趋势。

5.1 净同化率——面向对象图谱合一提取技术

5.1.1 原理

净同化率由测定时期内的整株植物干物质净增量除以总叶面积计算得到,反映了作物光合作用的日生产率,并且能够反映作物的有机物积累情况,对于产量评估具有重要意义(表 5-1)。

张卓等选用光合作用的最大净光合速率、有效光化学量子产量和光化学猝灭系数作为自变量,对冬小麦的光谱进行变换后,建立了多种评估产量的模型[72]。赵晓庆等将全色图像数据与高光谱数据进行对比研究,选出了大豆不同尺度下的建模方法,将绿色归一化、归一化、比值和修正型二次土壤调节植被指数与产量直接关联,建立估产模型:$y = 68.8GNDVI + 79.2NDVI +$

26.2RVI+293.7MSAVI2−227.7，回归系数达到了 0.659[73]。

表 5-1 低空遥感技术在作物净同化率提取中的典型应用

品种	地点	面积	平台及传感器	测量高度及分辨率	提取算法与建模方法	作物净同化率计算模型
冬小麦	北京市昌平区小汤山国家精准农业研究示范基地	135m²	地面，FieldSpec FR2500 光谱仪+LI-6800 便携式光合仪	—，—	原始光谱、倒数光谱、对数光谱和一阶导数光谱，相关性分析	适应性评价模型
大豆	山东圣丰种业院士工作站	5m×2.5m	八旋翼电动无人机，Cubert UHD185 无人机载成像光谱仪	100m，—	绿色归一化植被指数等 4 个植被指数，最小二乘法	$y = 68.8GNDVI + 79.2NDVI + 26.2RVI + 293.7MSAVI2 − 227.7$，分别为绿色归一化、归一化、比值和修正型二次土壤调节植被指数
冬小麦	北京市昌平区小汤山国家精准农业研究示范基地	84m×32m	八旋翼无人机，索尼 DSC-QX100+Cubert UHD185	80m，—	超红植被指数等 19 个植被光谱参数，多元线性回归	产量估算模型
水稻	浙江大学试验场	4.76m×4.68m	地面遥感平台，ASD FieldSpec Pro FR 光谱仪	0.7m，—	红边位置，相关性分析	$y=18047.10x+2460.51$，其中，y 为模型估算产量，x 为 990nm 与 440nm 的反射率差值

注："—"表示资料未显示具体数据，下同。

针对冬小麦的挑旗期、开花期和灌浆期，陶惠林等评估了 17 种真彩色影像指数和 12 种光谱参量的估产精度，建立了适合不同生育期的估产模型[74]。冠层能够直观表征光合作用的效率，唐延林等在地面采用 ASD，获取水稻冠层红边的反射率，通过相关性分析，得到了不同生长期的估产模型，回归系数在 0.791 以上，最高达到了 0.929[75]。

5.1.2 无人机数据

可以采用基于样本点的图像分类技术，对研究区农田进行净同化率的提取。技术思路是，相邻像元植株的净同化率应该具有相似的规律，引入面向对象技术，将空间纹理信息和光谱信息进行统一分析，在分割和合并的基础上，对整片研究区进行特征提取，便可计算净同化率。

提供的无人机数据波长范围为 402.9～901nm，波谱分辨率为 2.3nm，共计

214个波段，空间分辨率为0.2m。

在ENVI新版界面中，选择"File"→"Open"→"\data\12净同化率"，选择"1试验田原始数据"文件，点击"打开"。自动加载一景试验田真彩色高光谱影像（图5-1）。

图5-1 加载的真彩色影像

5.1.3 地面实测数据

在无人机高光谱数据采集过程中，同步在地面，测量每块样本田的叶面积指数，并将指定位置的植株采摘下来，测量其增加的质量。这里记录的是样本的像素值位置。样本田的编号顺序为从左至右，自上而下（图5-2）。

新建一列数据：净同化率。在F2单元格输入"=D2/E2"，计算出第一个样本点的净同化率。下拉生成其他15个点的净同化率值，作为样本数据（图5-3）。

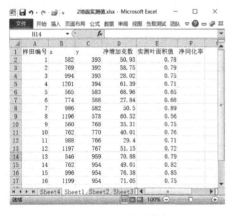

图5-2 地面实测数据

图5-3 净同化率样本点计算

5.1.4 建立基于样本的规则

(1) 打开特征提取工具

在"Toolbox"工具栏处,选择"Feature Extraction"→"Example Base Feature Extraction Workflow",双击打开(图 5-4)。

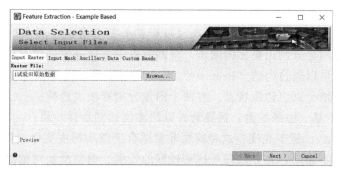

图 5-4 特征提取工作流

(2) 设置输入数据

选择待提取的影像"1 试验田原始数据"。此外还有三个面板可切换:Input Mask 面板可输入掩膜文件。Ancillary Data 面板可输入其他辅助多源数据文件。Custom Bands 面板中,有两个自定义选项,可以指定归一化植被指数或者波段比值,以及颜色空间设置,这些辅助波段可以提高图像分割的精度,如植被信息的提取等自定义的属性。这里,在"Normalized Difference"和"Color Space"属性上打钩。"Normalized Difference"选择"Band 124"和"Band 75",指定近红外和红色波段。"Color Space"分别选择"Band 75""Band 48"和"Band 20",分别对应 RGB 三波段。点击"Next"(图 5-5)。

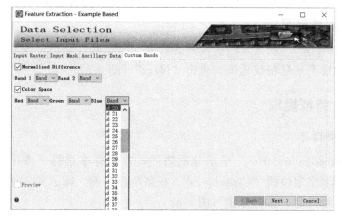

图 5-5 植被指数和颜色空间设置

5.1.5 农田分割与合并

(1) 影像分割

应用分割算法，统计相邻像元的亮度、纹理、颜色等特性，对农田数据进行分割，生成多尺度分割结果。通过不同尺度上边界的差异控制，从而产生从细到粗的多尺度分割。

分割阈值（Scale Level）：选择高尺度影像分割会分割出很少的图斑，选择低尺度影像分割会分割出更多的图斑，分割效果的好坏一定程度上决定了分类效果的精确度。可以通过勾选"Preview"预览分割效果，选择一个理想的分割阈值，尽可能好地分割出边缘特征。有两个图像分割算法供选择：

① Edge：基于边缘检测，需要合并算法才能达到最佳效果；

② Intensity：基于亮度，这种算法非常适合于微小梯度变化（如 DEM）、电磁场图像等，不需要合并算法即可达到较好的效果。调整滑块阈值对影像进行分割，这里设定阈值为 50。

(2) 影像合并

合并阈值（Merge Level）：影像分割时，由于阈值过低，一些特征会被错分，一个特征也有可能被分成很多部分，可以通过合并来解决这些问题。合并算法也有两个供选择：

① Full Lambda Schedule：合并存在于大块、纹理性较强的区域，如树林、云等，在结合光谱和空间信息的基础上迭代合并邻近的小斑块。

② Fast Lambda：合并具有类似颜色和边界大小的相邻节段。设定一定阈值，预览效果。这里设置的阈值为 90，点"Next"进入下一步。

纹理内核的大小（Texture Kernal Size）：如果数据区域较大而纹理差异较小，可以把这个参数设置得大一点，数值介于 3~19，这里设置为 3。

(3) 预览结果图

勾选"Preview"，预览分割和合并的效果（图 5-6）。至此，实现了发现对象的操作过程，接下来是特征提取，点击"Next"（图 5-7）。

5.1.6 特征提取

(1) 选择样本

勾选"Show Boundaries"显示分割边界，方便样本选择。点击菜单栏第五个按钮，打开十字定位线"Crosshairs"。在菜单最右侧，输入第一个样本点位置"582，393"，输入后，按回车键（图 5-8）。

返回"Feature Extraction"窗口，点击绿色的加号按钮，添加一个新类别，

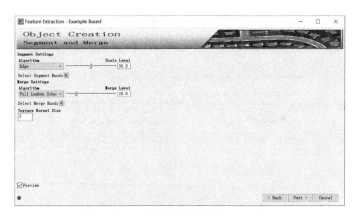

图 5-6　农田分割与合并设置

图 5-7　预览分割与合并效果图

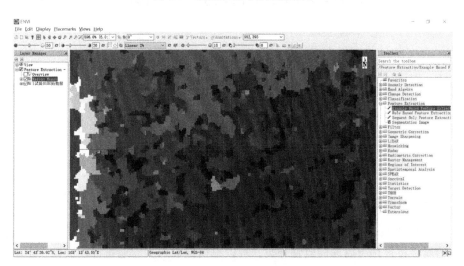

图 5-8　定位第一个样本点

"Class Name"输入净同化率值。"2 地面实测值"表中，第一个样本点净同化率是 65.29487，这里将小数点输为下画线（图 5-9）。

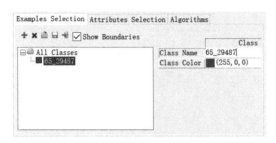

图 5-9　第一个样本点含量命名

关闭十字丝，在坐标所落在的图斑上，单击鼠标左键，选中该图斑，图斑变为类别的"Class Color"。这样即完成第一个样本点监督分类的设置（图 5-10）。

按照上述流程，完成其他 15 个样本点的设置。完成标注后可以发现，样本 4 和样本 5 即"86_46479"和"106_0923"后面没有"（1）"标记。这是因为后续选的样本与这两个样本

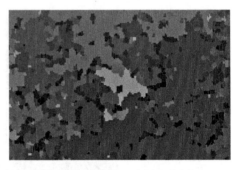

图 5-10　选中第一个样本点图斑

重合了，是由分割的尺度问题造成的。可以将这两个样本删除，否则无法进行下一步操作（图 5-11）。删除方法是，选中后，点击第二个红叉按钮（图 5-12）。

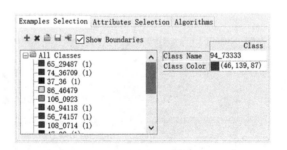

图 5-11　完成所有样本田的标注

（2）设置样本属性

切换到"Attributes Selection"选项。默认是所有的属性都被选择，这些选择样本的属性将被用于后面的监督分类。可以根据提取的实际地物特性选择一定的属性。点击中间的左右按钮实现属性的自主选取。这里按照默认，全选（图 5-13）。

图 5-12 标注完的样本田净同化率分布情况

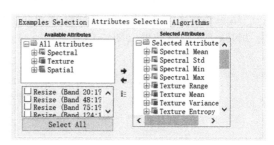

图 5-13 属性设置

(3) 选择分类方法

切换到"Algorithm"选项。有三种分类方法供选择：

① K 邻近法（K Nearest Neighbor）：依据待分类数据与训练区元素在 N 维空间的欧几里得距离来对影像进行分类，N 由分类时目标物属性数目来确定。相比于传统的最邻近方法，K 邻近法产生更小的敏感异常和噪声数据集，从而能够得到更准确的分类结果，会自己确定像素最可能属于哪一类。

在 K 参数里键入一个整数，默认值是 1。K 参数是分类时要考虑的临近元素的数目，是一个经验值，不同的值生成的分类结果差别也会很大。K 参数设置为多少，依赖于数据组以及所选择的样本。参数值大一点，能够降低分类噪声，但是可能会产生不正确的分类结果，一般值设置到 3～7 之间较好。

② 支持向量机（Support Vector Machine，SVM）：一种来源于统计学习理论的分类方法。选择这一项，需要定义一系列参数："Kernel Type"下拉列表里选项有"Linear""Polynomial""Radial Basis"以及"Sigmoid"。如果选择"Polynomial"，设置一个核心多项式（Degree of Kernel Polynomial）的次数用于 SVM，最小值是 1，最大值是 6。如果选择"Polynomial or Sigmoid"，使用向量机规则需要为"Kernel"指定"the Bias"，默认值是 1。如果选择"Polynomial""Radial Basis""Sigmoid"，需要设"Gamma in Kernel Function"参数，这个值是一个大于零的浮点型数据。默认值是输入图像波段数的倒数。

为 SVM 规则指定"the Penalty"参数，这个值是一个大于零的浮点型数据。这个参数控制了样本错误与分类刚性延伸之间的平衡，默认值是 100。"Allow Unclassified"是允许有未分类这一个类别，将不满足条件的斑块分到该类，默认是允许有未分类的类别。"Threshold"为分类设置概率域值，如果一个像素计算得到所有的规则概率小于该值，该像素将不被分类，范围是 0～100，默认是 5。

③ 主成分分析法（Principal Components Analysis，PCA）：比较在主成分空间的每个分割对象和样本，将得分最高的归为这一类。

这里选择 K 邻近法，K 参数设置为 5，去掉"Allow Unclassified"选项。点击"Next"，输出结果（图 5-14）。

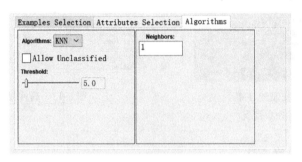

图 5-14　算法设置

5.1.7　数字制图

结果导出窗口，将矢量数据导出到"\data\12 净同化率"，命名为"净同化率矢量结果"勾选"Merge Adjacent Features"和"Export Attributes"。栅格数据导出到"\data\12 净同化率"，命名为"净同化率栅格结果"。

可以自选，将属性结果和处理报告等文件导出。点击"Finish"，得到净同化率提取结果（图 5-15）。

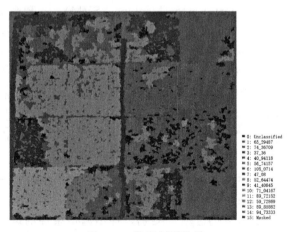

图 5-15　数字制图结果

5.2 蛋白质含量——多指数决策树技术

5.2.1 原理

作物蛋白质含量是作物品质评价的重要指标，在作物不同生长期，其含量变化非常剧烈，能够表征作物的生理状态（表 5-2）。

表 5-2 低空遥感技术在作物蛋白质提取中的典型应用

品种	地点	蛋白质类型	平台及传感器	测量高度及分辨率	提取算法与建模方法	作物蛋白质计算模型
冬小麦	北京市昌平区小汤山国家精准农业研究示范基地	籽粒蛋白质	地面遥感平台，ASD Fieldspec FR2500 + InfratecTM 1241 近红外谷物分析仪	1m，—	比值植被指数等 24 个植被指数，偏最小二乘法	$LNCm = 0.7746 + 0.4986ND705 + 0.6121NDVIcanste + 2.062Readone + 0.0412DCNI - 0.3947NDCI$，其中，$LNCm$ 为籽粒蛋白质含量 ND705、NDVIcanste、Readone、DCNI 和 NDCI 分别为各植被指数的数值
水稻	贵州大学	粗蛋白质	FieldSpec Pro FR	0.15m，0.21m×0.21m	9 种特征波段参数，相关性分析	$y = 18.838e^{1148.5x}$，其中，y 为粗蛋白质含量；x 1199nm 处反射率的一阶导数
糜子	山西省忻州市定襄县良种场	蛋白质	地面遥感平台，FieldSpec 4 型背挂式野外高光谱辐射仪	1m，—	418nm、697nm 和 2274nm 等特征波段选取，回归模型	$y = 1.1921x + 11.789$，其中，y 为氮含量；x 为蛋白质含量
水稻	江苏省南京市江宁区农业农村局试验站	蛋白质	地面遥感平台，ASD-FieldSpec FR 2500	—，—	比值光谱指数和归一化光谱指数，相关性分析	$y = 0.4709x - 0.3663$，其中，y 为蛋白质含量；x 为 770nm 和 587nm 比值植被指数
小麦	江苏省南京市江宁区农业农村局试验站	蛋白质	地面遥感平台，ASD-FieldSpec FR 2500	—，—	光谱参量，回归分析	$y = 10.9075x + 4.7447$，其中，y 为蛋白质含量；x 为 705nm 光谱参量
玉米	浙江大学试验农场	粗脂肪	FieldSpec Pro FR	0.1m，—	一阶光谱微分，相关性分析	$y = 1.497e^{3758.8x}$，其中，y 为粗脂肪含量；x 为 1954nm 的一阶微分

李振海等选取 24 个与冬小麦叶绿素、氮素含量相关的光谱指数,建立了不同生长期冬小麦的蛋白质含量与植被指数的关系模型,得出蛋白质含量建模关联度最高的前 5 个参量[76]。刘芸等在室内将水稻磨成粉后,研究 9 种特征波段参量与粗淀粉含量的相关性,对粗蛋白质、粗淀粉和直链淀粉都建立了回归方程,其中,粗蛋白质含量 $y=18.838e^{1148.5x}$,x 为 1199nm 处反射率的一阶导数[77]。

王君杰等选取 418nm、697nm 和 2274nm 等特征波段,建立了糜子蛋白质含量的回归模型,相对于开花期和灌浆期,成熟期的模型决定系数达到了 0.9,精度较高[78]。杨杰等在分析现有植被指数与水稻蛋白质含量关系的基础上,建立了一种新的指数,该指数选取了 770nm 和 700nm 的反射率,拟合精度均大于 0.87,具备实际估测价值[79]。

冯伟等对小麦籽粒蛋白质含量进行预测,分别建立了叶片氮含量和叶片氮累积量的回归方程,这些模型对于开花期小麦的蛋白质定量预测,具有较好的精度[80]。为了进一步提高反演精度,易秋香等将原始光谱进行一阶微分计算,构建线性和指数模型,相关系数达到了 0.7 以上,标示着高光谱在玉米粗脂肪含量预测中的应用取得成功[81]。

5.2.2 无人机数据

应用决策树分类技术,对研究区农田进行蛋白质含量的提取。技术思路是,将蛋白质含量与多种植被指数进行关联,按照样本点化验结果,将含量进行定级。寻找多种植被指数与含量值的关联规则,建立基于这些规则的决策树,从而实现蛋白质含量信息的分级定性提取。

提供的无人机数据波长范围为 402.9~901nm,波谱分辨率为 2.3nm,共计 214 个波段,空间分辨率为 0.2m。

选择"File"→"Open Image File"→"\data\13 蛋白质含量",选择"1 试验田原始数据"文件,点击"打开"。在"Available Bands List"窗口,文件名单击右键→"Load True Color",加载一景具有 16 块样本田的真彩色高光谱影像(图 5-16)。

图 5-16 加载的真彩色影像

5.2.3 地面实测数据

在无人机高光谱数据采集过程中,同步在地面,测量每块样本田的蛋白质含量,同时记录具体的位置信息,这里,记录的是样本的像素值位置。样本田的编号顺序为从左至右，自上而下（图 5-17）。

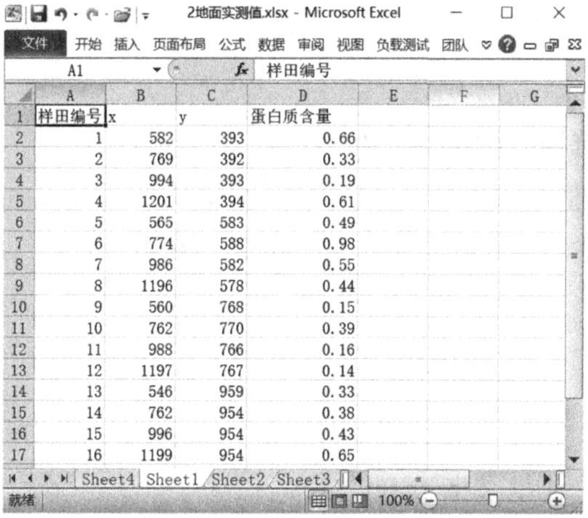

样田编号	x	y	蛋白质含量
1	582	393	0.66
2	769	392	0.33
3	994	393	0.19
4	1201	394	0.61
5	565	583	0.49
6	774	588	0.98
7	986	582	0.55
8	1196	578	0.44
9	560	768	0.15
10	762	770	0.39
11	988	766	0.16
12	1197	767	0.14
13	546	959	0.33
14	762	954	0.38
15	996	954	0.43
16	1199	954	0.65

图 5-17　地面实测数据

5.2.4　作物多种指数计算

选择“Spectral”→“Vegetation Analysis”→“Vegetation Index Caculator”，选择“1 试验田原始数据”，点击“OK”。

软件列出了以下 19 种植被指数。

（1）归一化植被指数 NDVI

归一化植被指数（Normalized Difference Vegetation Index，NDVI）的敏感性与植被覆盖度有关，包括土壤背景、潮湿地面、雪、枯叶、粗糙度等因素的变化。计算公式为：

$$NDVI=\frac{\rho_{NIR}-\rho_{R}}{\rho_{NIR}+\rho_{R}}$$

其中，ρ_{NIR}、ρ_{R} 分别为近红外和红色光波段的反射率。

（2）比值植被指数 RVI

比值植被指数（Simple Ratio Index，RVI）被广泛用于估算和监测绿色植物生物量。计算公式为：

$$RVI=\frac{\rho_{NIR}}{\rho_{R}}$$

其中，ρ_{NIR}、ρ_{R} 分别为近红外和红色光波段的反射率。

（3）增强植被指数 EVI

增强植被指数（Enhanced Vegetation Index，EVI）通过加入蓝色波段以增强植被信号，矫正土壤背景和气溶胶散射的影响。计算公式为：

$$EVI = 2.5 \times \frac{\rho_{NIR} - \rho_R}{\rho_{NIR} + 6\rho_R - 7.5\rho_B + 1}$$

其中，ρ_{NIR}、ρ_R、ρ_B 分别为近红外、红色光、蓝色光波段的反射率。

（4）大气阻抗植被指数 ARVI

大气阻抗植被指数（Atmospherically Resistant Vegetation Index，ARVI）利用蓝色波段矫正大气散射的影响，如气溶胶，常用于大气气溶胶浓度很高的区域。计算公式为：

$$ARVI = \frac{\rho_{NIR} - (2\rho_R - \rho_B)}{\rho_{NIR} + (2\rho_R - \rho_B)}$$

其中，ρ_{NIR}、ρ_R、ρ_B 分别为近红外、红色光、蓝色光波段的反射率。

（5）红边归一化植被指数 RENDVI

红边归一化植被指数（Red Edge Normalized Difference Vegetation Index，RENDVI）对叶冠层的微小变化、叶窗片段和衰老非常敏感，可用于精细农业、森林监测、植被胁迫性探测等。计算公式为：

$$RENDVI = \frac{\rho_{750} - \rho_{705}}{\rho_{750} + \rho_{705}}$$

其中，ρ_{750}、ρ_{705} 分别为 750nm、705nm 处的反射率。

（6）改进红边比值植被指数 MRESRI

改进红边比值植被指数（Modified Red Edge Simple Ratio Index，MRESRI）改正了叶片的镜面反射效应，可用于精细农业、森林监测、植被胁迫性探测等。计算公式为：

$$MRESRI = \frac{\rho_{750} - \rho_{445}}{\rho_{750} + \rho_{445}}$$

其中，ρ_{750}、ρ_{445} 分别为 750nm、445nm 处的反射率。

（7）改进红边归一化植被指数 MRENDVI

改进红边归一化植被指数（Modified Red Edge Normalized Difference Vegetation Index，MRENDVI）考虑了叶片的镜面反射效应。计算公式为：

$$MRENDVI = \frac{\rho_{750} - \rho_{705}}{\rho_{750} + \rho_{705} - 2\rho_{445}}$$

其中，ρ_{750}、ρ_{705}、ρ_{445} 分别为 750nm、705nm、445nm 处的反射率。

（8）绿度总和指数 SG

绿度总和指数（Sum Green Index，SG）是用于探测绿色植被变化最简单的植被指数，由于在可见光范围内，绿色植被对红光和蓝光产生强烈的吸收，SG

指数对稀疏植被的小变化敏感,是500～600nm范围内平均光谱反射率。

(9) Vogelmann 红边指数 1 VOG1

Vogelmann 红边指数1(Vogelmann Red Edge Index 1,VOG1)对叶绿素浓度、叶冠层和水分含量等指标都非常敏感,常用于植物物候变化研究、精细农业和植被生产力建模。计算公式为:

$$VOG1 = \frac{\rho_{740}}{\rho_{720}}$$

其中,ρ_{740}、ρ_{720} 分别为740nm、720nm处的反射率。

(10) 红边位置指数 REP

红边位置指数(Red Edge Position Index,REP)对叶绿素浓度变化、叶绿素浓度增加导致吸收特征变宽及红边向长波长方向移动非常敏感。红边位置在690～740nm范围内急剧倾斜波长范围,一般植被区域在700～730nm。

(11) 光化学植被指数 PRI

光化学植被指数(Photochemical Reflectance Index,PRI)对活植物的类胡萝卜素变化非常敏感,类胡萝卜素可标识光合作用光的利用率或者碳吸收效率,可用于研究植物生产力和胁迫性、常绿灌木植被的健康、森林以及农作物的衰老。计算公式为:

$$PRI = \frac{\rho_{531} - \rho_{570}}{\rho_{531} + \rho_{570}}$$

其中,ρ_{531}、ρ_{570} 分别为531nm、570nm处的反射率。

(12) 结构不敏感色素指数 SIPI

结构不敏感色素指数(Structure Insensitive Pigment Index,SIPI)用来最大限度地提高类胡萝卜素与叶绿素比值在灌层结构减少时的敏感度,可用于植被健康监测、植物生理胁迫性探测和作物生产产量分析。计算公式为:

$$SIPI = \frac{\rho_{800} - \rho_{445}}{\rho_{800} + \rho_{680}}$$

其中,ρ_{800}、ρ_{445}、ρ_{680} 分别为800nm、445nm、680nm处的反射率。

(13) 红绿比值指数 RG

红绿比值指数(Red Green Ratio Index,RG)指示由花青素代替叶绿素而引起叶片变红的相关表达式,可估算植被冠层发展过程。计算方法为,红色范围内所有波段均值除以绿色范围内所有波段均值。

(14) 植被衰减指数 PSRI

植被衰减指数(Plant Senescence Reflectance Index,PSRI)用来最大限度

地提高类胡萝卜素与叶绿素比值的灵敏度。PSRI 增加预示冠层胁迫性的增强、植被衰老的开始和果实的成熟。计算公式为：

$$PSRI = \frac{\rho_{680} - \rho_{500}}{\rho_{750}}$$

其中，ρ_{680}、ρ_{500}、ρ_{750} 分别为 680nm、500nm、750nm 处的反射率。

（15）类胡萝卜素反射指数 1 CRI1

类胡萝卜素反射指数 1（Carotenoid Reflectance Index 1，CRI1）对叶片中的类胡萝卜素非常敏感，高的 CRI1 值意味着类胡萝卜素含量比叶绿素含量多。计算公式为：

$$CRI1 = \frac{1}{\rho_{510}} - \frac{1}{\rho_{550}}$$

其中，ρ_{510}、ρ_{550} 分别为 510nm、550nm 处的反射率。

（16）类胡萝卜素反射指数 2 CRI2

类胡萝卜素反射指数 2（Carotenoid Reflectance Index 2，CRI2）是 CRI1 的改进型，在类胡萝卜素浓度高时更加有效，高的 CRI2 值意味类胡萝卜素含量相对叶绿素含量多。计算公式为：

$$CRI2 = \frac{1}{\rho_{510}} - \frac{1}{\rho_{700}}$$

其中，ρ_{510}、ρ_{700} 分别为 510nm、700nm 处的反射率。

（17）花青素反射指数 1 ARI1

花青素反射指数 1（Anthocyanin Reflectance Index 1，ARI1）对叶片中的花青素非常敏感，ARI1 值越大，表明植被冠层越快增长或者死亡。计算公式为：

$$ARI1 = \frac{1}{\rho_{550}} - \frac{1}{\rho_{700}}$$

其中，ρ_{550}、ρ_{700} 分别为 550nm、700nm 处的反射率。

（18）花青素反射指数 2 ARI2

花青素反射指数 2（Anthocyanin Reflectance Index 2，ARI2）对叶片中的花青素非常敏感，ARI2 值越大，表明植被冠层越快增长或者死亡。ARI2 是 ARI1 的改进型，当花青素浓度高时更加有效。计算公式为：

$$ARI2 = \rho_{800}\left(\frac{1}{\rho_{550}} - \frac{1}{\rho_{700}}\right)$$

其中，ρ_{550}、ρ_{700}、ρ_{800} 分别为 550nm、700nm、800nm 处的反射率。

（19）水波段指数 WBI

水波段指数（Water Band Index，WBI）对冠层水分状态的变化非常敏感，随着植被冠层水分的增加，970nm 附近吸收强度相比 900nm 处有所增加，可用于包括冠层胁迫性分析、生产力预测与建模、着火威胁条件分析、农作物管理以及生态系统生理机能研究。计算公式为：

$$WBI = \frac{\rho_{900}}{\rho_{970}}$$

其中，ρ_{900}、ρ_{970} 分别为 900nm、970nm 处的反射率。

此外，根据不同数据源，软件还可以计算下面多种植被指数。

（1）Vogelmann 红边指数 2 VOG2

Vogelmann 红边指数 2（Vogelmann Red Edge Index 2，VOG2）是 VOG1 的改进型，与 VOG1 的敏感对象及应用领域相同。计算公式为：

$$VOG2 = \frac{\rho_{734} - \rho_{747}}{\rho_{715} - \rho_{726}}$$

其中，ρ_{734}、ρ_{747}、ρ_{715}、ρ_{726} 分别为 734nm、747nm、715nm、726nm 处的反射率。

（2）Vogelmann 红边指数 3 VOG3

Vogelmann 红边指数 3（Vogelmann Red Edge Index 3，VOG3）是 VOG1、VOG2 的改进型，三者敏感对象相同。计算公式为：

$$VOG3 = \frac{\rho_{734} - \rho_{747}}{\rho_{715} + \rho_{720}}$$

其中，ρ_{734}、ρ_{747}、ρ_{715}、ρ_{720} 分别为 734nm、747nm、715nm、720nm 处的反射率。

（3）归一化氮指数 NDNI

归一化氮指数（Normalized Difference Nitrogen Index，NDNI）用于估算植被冠层中氮的相对含量。在 1510nm 处的反射率主要取决于叶片氮含量以及冠层总体叶生物量。结合叶片氮含量和冠层叶生物量，在 1510nm 范围内预测叶片氮含量，将在 1680nm 处的反射率作为参考反射率，冠层叶生物量在这个波长处具有与 1510nm 波长处类似的反射特性，而且 1680nm 波长没有氮吸收影响。NDNI 在植被还是绿色以及覆盖浓密时对氮含量的变化非常敏感，可用于精细农业、生态系统分析和森林管理。计算公式为：

$$NDNI = \frac{\log\left(\frac{1}{\rho_{1510}}\right) - \log\left(\frac{1}{\rho_{1680}}\right)}{\log\left(\frac{1}{\rho_{1510}}\right) + \log\left(\frac{1}{\rho_{1680}}\right)}$$

其中，ρ_{1510}、ρ_{1680} 分别为 1510nm、1680nm 处的反射率。

(4) 归一化木质素指数 NDLI

归一化木质素指数（Normalized Difference Lignin Index，NDLI）用来估算植被冠层木质素的相对含量，可应用于生态系统分析和检测森林的枯枝落叶层。计算公式为：

$$NDLI = \frac{\log\left(\frac{1}{\rho_{1754}}\right) - \log\left(\frac{1}{\rho_{1680}}\right)}{\log\left(\frac{1}{\rho_{1754}}\right) + \log\left(\frac{1}{\rho_{1680}}\right)}$$

其中，ρ_{1754}、ρ_{1680} 分别为1754nm、1680nm 处的反射率。

(5) 纤维素吸收指数 CAI

纤维素吸收指数（Cellulose Absorption Index，CAI）可以指示地表含有干燥植物。对纤维素在2000～2200nm 范围内的吸收特征很敏感。可用于农作物残留监测、植物冠层衰老监测、生态系统中的着火条件判断和放牧管理。计算公式为：

$$CAI = 0.5(\rho_{2000} + \rho_{2200}) - \rho_{2100}$$

其中，ρ_{2000}、ρ_{2100}、ρ_{2200} 分别为2000nm、2100nm、2200nm 处的反射率。

(6) 归一化水指数 NDWI

归一化水指数（Normalized Difference Water Index，NDWI）对冠层水分状态的变化非常敏感，在857nm 和1241nm 处具有相似的反射率，但是又不同于液态水的吸收特性。常应用于冠层胁迫性分析，例如浓密叶型植被叶面积指数的研究。计算公式为：

$$NDWI = \frac{\rho_{857} - \rho_{1241}}{\rho_{857} + \rho_{1241}}$$

其中，ρ_{857}、ρ_{1241} 分别为857nm、1241nm 处的反射率。

(7) 水分胁迫指数 MSI

水分胁迫指数（Moisture Stress Index，MSI）对叶片水分含量的增加非常敏感。当叶片水分含量增加时，在1599nm 处的吸收强度也增加，而在819nm 处的吸收强度没有受到影响。MSI 值越大，胁迫性越强，水分含量越小。计算公式为：

$$MSI = \frac{\rho_{1599}}{\rho_{819}}$$

其中，ρ_{819}、ρ_{1599} 分别为819nm、1599nm 处的反射率。

(8) 归一化红外指数 NDII

归一化红外指数（Normalized Difference Infrared Index，NDII）对农作物冠层水分含量的变化非常敏感，NDII 值越大表示水分含量越大。计算公式为：

$$NDII = \frac{\rho_{819} - \rho_{1649}}{\rho_{819} + \rho_{1649}}$$

其中，ρ_{819}、ρ_{1649} 分别为 819nm、1649nm 处的反射率。

点击"Select All Items"，将结果保存到"\data\13 蛋白质含量"，命名为"3 植被指数计算结果"。点击"OK"（图 5-18）。

5.2.5 采集指数数据

挑选出与蛋白质紧密相关的 4 种植被指数：增强植被指数 EVI、红边归一化植被指数（RENDVI）、绿度总和指数（SG）和类胡萝卜素反射指数 2（CRI2）。

（1）链接 4 个窗口

分别打开这 4 个波段的植被指数。在任意显示窗口，单击右键→"Link Displays"，确认 4 个窗口都处于打开状态，点击"OK"（图 5-19）。

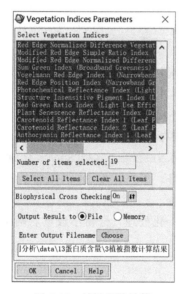

图 5-18 植被指数计算

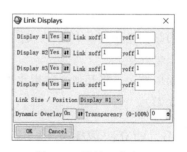

图 5-19 链接 4 个窗口

（2）采集指数

在任意显示窗口，单击右键→"Cursor Location/Value"，这个窗口同时显示 4 个指数的值。在任意显示窗口，单击右键→"Pixel Locator"，依次输入 16 个样本点的坐标值，采集 4 种植被指数，存到地面实测数据表中（图 5-20）。

（3）归一化处理

由于 4 种植被指数的分布区间不同，不便于对比分析规律，这里将其进行归

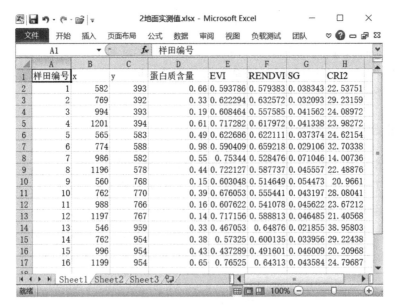

图 5-20 采集 4 个指数

一化处理。处理的方法是：新值＝(原值－最小值)/(最大值－最小值)，这样就能将 4 个植被指数都离散到 0～1 之间。

在 Excel 表中，将"蛋白质含量"及四个植被指数列拷贝到 Sheet2 中，新建四列：EVI′、RENDVI′、SG′、CRI2′，用于存储归一化后的新指数值。

在 F2 处，输入"＝(B2－0.437289)/(0.76525－0.437289)"，实现 EVI 指数样本 1 的归一化处理。点击 F2 右下角加号，下拉，将 16 个样本点的 EVI 全部进行归一化处理。

采用类似方法，将其他 3 种指数进行归一化处理，保留小数点后两位，生成表格（图 5-21）。

5.2.6 建立决策树

(1) 发现规则

将数据中各组数据按照蛋白质含量由高及低排序，每 4 个样本划分为一组，分别为高蛋白质含量、较高蛋白质含量、中蛋白质含量和低蛋白质含量组（图 5-22）。

每一组内，针对不同的指数，将最低值和最高值限定为该组的含量规则，则最终可以建立如下规则：

① Class1（高蛋白质含量）：

$0.47 \leq EVI \leq 1$，$0.52 \leq RENDVI \leq 1$，$0.15 \leq SG \leq 0.44$，$0.34 \leq CRI2 \leq 0.75$。

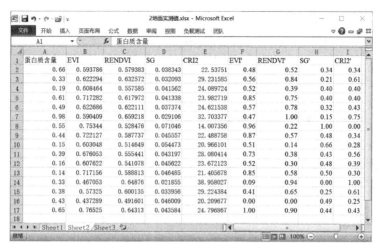

图 5-21　指数的归一化处理

样田编号	蛋白质含量	EVI'	RENDVI'	SG'	CRI2'
6	0.98	0.47	1	0.15	0.75
1	0.66	0.48	0.52	0.34	0.34
16	0.65	1	0.9	0.44	0.43
4	0.61	0.85	0.75	0.4	0.4
7	0.55	0.96	0.22	1	0
5	0.49	0.57	0.78	0.32	0.43
8	0.44	0.87	0.57	0.48	0.34
15	0.43	0	0	0.49	0.25
10	0.39	0.73	0.38	0.43	0.56
14	0.38	0.41	0.65	0.25	0.61
2	0.33	0.56	0.84	0.21	0.61
13	0.33	0.09	0.94	0	1
3	0.19	0.52	0.39	0.4	0.4
11	0.16	0.3	0.3	0.48	0.39
9	0.15	0.51	0.14	0.66	0.28
12	0.14	0.85	0.58	0.5	0.3

图 5-22　探寻蛋白质含量与光谱指数的关系

② Class2（较高蛋白质含量）：

$0<=EVI<=0.96$, $0<=RENDVI<=0.78$, $0.32<=SG<=1$, $0<=CRI2<=0.43$

③ Class3（中蛋白质含量）：

$0.09<=EVI<=0.73$, $0.38<=RENDVI<=0.94$, $0<=SG<=0.43$, $0.56<=CRI2<=1$

④ Class4（低蛋白质含量）：

$0.51<=EVI<=0.85$, $0.14<=RENDVI<=0.58$, $0.4<=SG<=0.66$, $0.28<=CRI2<=0.4$

（2）制作决策树

选择 "Toolbox" → "Classification" → "Decision Tree" → "New Decision

Tree",打开决策树建立工具。

单击"Node1",在"Name"处输入"0.47<=EVI<=1",在表达式"Expression"处,输入这个表达式的语法形式"b1 le 1 and b1 ge 0.47"这里,"b1"指波段,"le"和"ge"分别是小于等于和大于等于的意思(图5-23)。

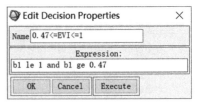

图 5-23 "0.47<=EVI<=1"的语法表达

点击"OK",跳出指定波段窗口,点击"{b1}",选择 EVI 指数,点击"OK"(图5-24)。

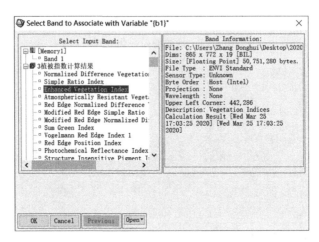

图 5-24 指定波段

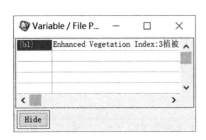

图 5-25 第一个节点设置完毕

这样,第一个节点的语法和输入波段就指定完毕了(图5-25)。

满足 0.47<=EVI<=1 的条件下,要同时满足 0.52<=RENDVI<=1,才算高蛋白质含量,因此,需要继续输入节点。在 Class1 处单击右键,选择"Add Children",再单击左键,"Name"改为"0.52<=RENDVI<=1",表达式为"b2 le 1 and b2 ge 0.52"。这里,注意要将"b1"改为"b2"。指定 b2 为 RENDVI 指数(图5-26)。

按照上述过程,将 0.15<=SG<=0.44,0.34<=CRI2<=0.75 两个条件添加完毕(图5-27)。

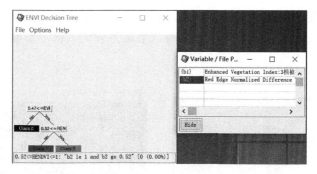

图 5-26　第二个节点设置完毕

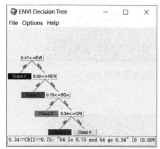 

图 5-27　高蛋白质含量提取决策树

为便于重复使用，进行保存，选择"File"→"Save Tree"，命名为"4 高蛋白质含量决策树"，点击"OK"保存。

按照上述流程，依次建立较高、中、低蛋白质含量的决策树并保存（图 5-28）。

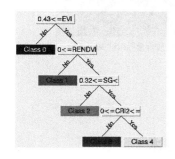 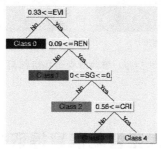 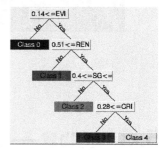

图 5-28　其他 3 棵决策树

5.2.7　运行决策树

在决策树界面单击右键→"Execute"，运行这棵决策树，将结果保存到"\data\13 蛋白质含量"，命名为"8 高蛋白质含量提取结果"。

第 5 章　农作物产量信息提取

依次运行其他 3 棵决策树，完成较高、中和低蛋白质含量的提取。由于是试验数据，化验值并不可靠，因此提取的结果误差较大，但不影响方法的实用性（图 5-29）。

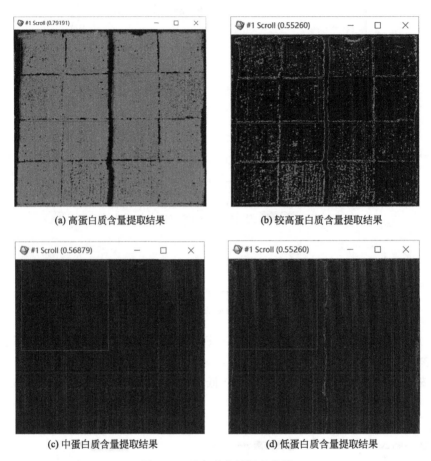

图 5-29　蛋白质含量提取结果

5.3　生物量——人工智能信息提取技术

5.3.1　原理

作物生物量指的是作物某一单位时间内的总干重，是评价作物长势、预测作物产量的重要指标。传统方法需要烦琐的采集过程和测量过程，遥感非接触的特点，使得快速无接触测量作物生物量成为现实（表5-3）。

表5-3 低空遥感技术在作物生物量提取中的典型应用

品种	地点	生物量类型	平台及传感器	测量高度及分辨率	提取算法与建模方法	作物生物量计算模型
水稻	浙江大学华家池校区试验农场	地上鲜生物量	地面遥感平台，ASD FieldSpec	0.75m，—	光谱位置、面积、指数等19个参量，相关性分析	$y=0.0616+0.2278x$，其中，y为地上鲜生物量；x为基于红边面积和蓝边变量的比值
棉花	兵团绿洲生态农业重点实验室试验站	地上鲜生物量	地面遥感平台，FieldSpec Pro VNIR 2500光谱辐射仪	1.4m，—	波段位置、面积和波段指数等17个光谱参量，相关性分析	$y=9.7914e^{(-20.738F629)}$，其中，$y$为地上鲜生物量
冬小麦	青岛农业大学科技示范园试验站	地上生物量	地面遥感平台，佳能60D相机	1m，—	冠层覆盖度等6种光谱参量，BP神经网络	$y=\exp[\exp(1.411+NDI)]CC^{2.189}b^{3.239}$，其中，$y$为地上生物量；$NDI$为归一化差值指数；$CC$为冠层覆盖度；$b$为蓝光标准化值
冬小麦	北京市昌平区小汤山国家精准农业研究示范基地	地上生物量	八旋翼电动无人机，UHD185成像光谱仪	50m，0.012m×0.012m	归一化差值植被指数等10个光谱指数，图谱融合建模	相关性分析模型
烤烟	河南农业大学科教示范园区	叶片鲜重、干重、含水率	地面遥感平台，ASD Field Spec FR 2500	0.45m，—	波段位置、面积和波段指数等10个光谱参量，相关性分析	$y=28.125-160.366x_1-1174.03x_2$，其中，$y$为鲜重；$x_1$为红边面积；$x_2$为蓝边面积
天然草地	新疆生产建设兵团天山北坡中段	生物量	大疆Spreading Wing S1000+八旋翼无人机，Micro MCA12 Snap多光谱相机	80m，—	归一化差值植被指数等5个指数，相关性分析	$y=36.951+16.589x$，其中，y为生物量；x为比值植被指数
针叶林	福建省三明市武夷山脉东南麓	蓄积量	SenseFly小型固定翼eBee无人机，索尼WX220相机	—，0.046	数字高程模型，回归分析	$y=0.00008721x_1^{11.785388607}x_2^{0.9313923697}$，其中，$y$为杉木单株木材量；$x_1$为胸径；$x_2$为树高

王秀珍等试验了线性和非线性模型对水稻生物量的估算精度，对光谱位置、面积、指数等19个参量与实际称重质量的反演精度进行了评价，指出$y=$

0.0616+0.2278x，y 是生物量，x 是基于红边面积和蓝边变量的比值，对地上生物量有更精确的预测价值[82]。柏军华等采用类似思路，对棉花的 17 个光谱参量进行建模，得到了指数模型，可以预测棉花地上鲜生物量[83]。

在冬小麦生物量计算方面，崔日鲜等在地面上方 1m 高度，用真彩色相机拍摄小麦冠层，获取了基于冠层覆盖度等 6 种光谱参量，建立了指数模型[84]。刘畅等将 UHD 光谱仪搭载在无人机上，设计了一套图谱融合评价模型[85]，能够将生物量与归一化差值植被指数等 10 个光谱指数与纹理进行统一分析，进一步提高了预测精度。

对于阔叶型作物烤烟，李向阳等选取波段位置、面积和波段指数等 10 个光谱参量，通过相关性分析后，得到叶片鲜重、干重、含水率等生物量的计算模型[86]。在畜牧业生物量计算研究中，孙世泽等对阴坡和阳坡建立了各自的生物量计算模型，对比 5 种植被指数后，比值植被指数在阴阳坡的预测精度都较高[87]。对于林业蓄积量计算，周小成等采用的是数字高程建模的方法，将无人机图像通过同名像点建模，得到两期数字表面模型，建立了蓄积量与树木胸径和树高的反演模型[88]。

5.3.2 数据集说明

可采用机器学习的方法，对研究区农田进行生物量的提取。即将人工智能的方法引入无人机遥感信息提取领域，通过数据上传、图片标注、模型训练、校验模型和发布模型的流程，对生物量 5 个等级进行机器的智能学习。随着数据量的增加和标注信息的丰富，人工智能必将发挥越来越大的作用，使得智慧农业成为现实。

在无人机获取的农田作物影像上，截取 50 景具有代表性的作物的真彩色图片，这些植被的生物量分为 5 级：极高生物量、高生物量、中生物量、低生物量和极低生物量。此外，还有若干地膜、大棚的地物，作为噪声变量（图 5-30）。

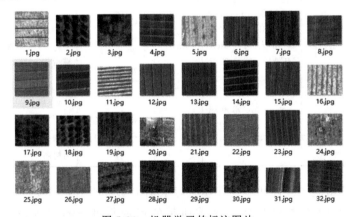

图 5-30　机器学习的标注图片

本节介绍将上述各种等级的生物量图片进行上传、标注、训练、校验和识别等内容。

5.3.3 上传数据

打开网址"https://ai.baidu.com/",利用百度大脑提供的机器学习平台实现功能。

① 点击"开放能力"→"图像技术"→"开发平台"→"EasyDL 定制化图像识别"（图 5-31）。

图 5-31 EasyDL 定制化图像识别

② 点击"开始训练"（图 5-32）。
③ 点击"物体检测"→"前往"（图 5-33）。

图 5-32 EasyDL 经典版

图 5-33 物体检测

④ 点击"创建模型"。创建一个新的检测模型，并且将相关的模型信息输入到系统中（图 5-34）。

⑤ 点击"数据集管理"。将本地的 50 张训练图片上传到云端（图 5-35）。点击"开始上传"，将全部图片上传（图 5-36）。

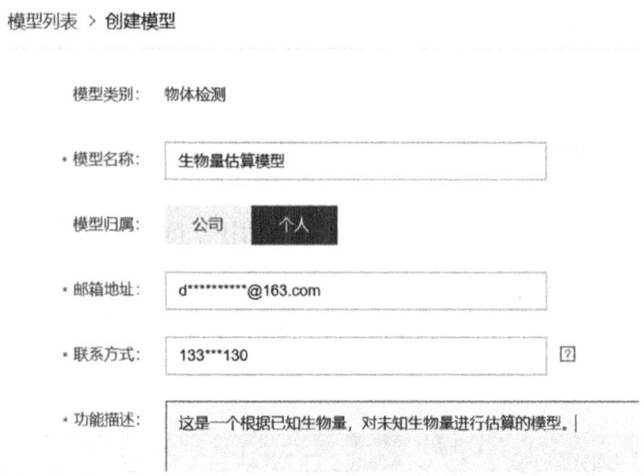

模型列表 > 创建模型
模型类别: 物体检测
* 模型名称: 生物量估算模型
模型归属: 公司 个人
* 邮箱地址: d**********@163.com
* 联系方式: 133***130
* 功能描述: 这是一个根据已知生物量，对未知生物量进行估算的模型。

图 5-34 生物量估算模型基本信息

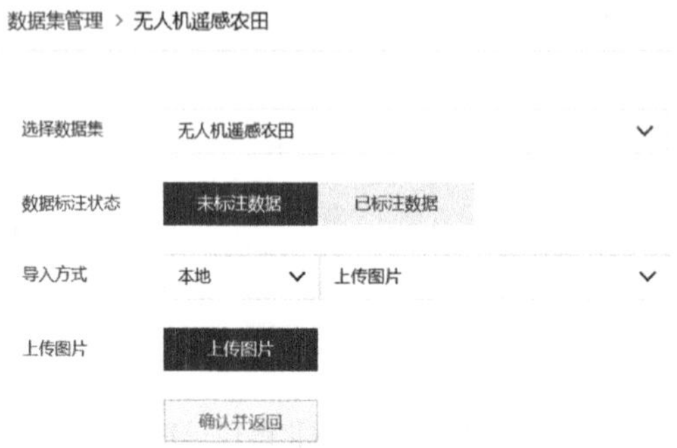

数据集管理 > 无人机遥感农田
选择数据集 无人机遥感农田
数据标注状态 未标注数据 已标注数据
导入方式 本地 上传图片
上传图片 上传图片
确认并返回

图 5-35 上传本地图片

上传图片
删除
删除
删除
删除
删除
删除
删除
删除
删除
删除
开始上传
继续添加

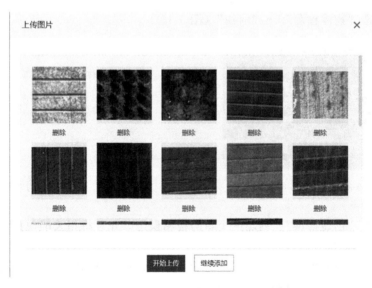

图 5-36 选择图片后开始上传

5.3.4 图片标注

(1) 建立标注类型

点击"数据集管理"→"数据标注",在"添加标签"处,依次加入 7 个标签 "very_high_biomass" "high_biomass" "medium_biomass" "low_biomass" "very_low_biomass" "greenhouse" "mask",前 5 个标签分别代表生物量的 5 个等级,"greenhouse" 和 "mask" 分别代表温室大棚和地膜(图 5-37)。

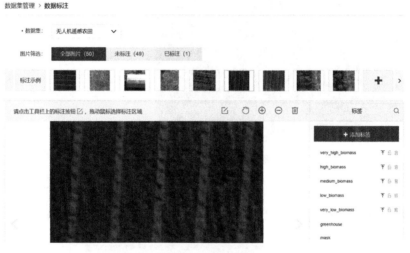

图 5-37 数据标注

(2) 标注方法

对每一张图片都进行标注,标注的方法可以参考系统给的帮助(图 5-38)。

图 5-38 数据标注的要点

在图 5-39 中，选取具有代表性的两处，因为基本上看不出作物生长的迹象，都标注为"very＿low＿biomass"。标注完毕后，务必点击左下角的"保存"按钮进行保存。

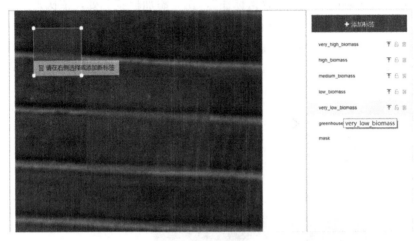

图 5-39　数据标注的示例

在图 5-40 中，既有地膜，又有裸土，分别标注为"mask"和"very＿low＿biomass"。标注完毕后，务必点击左下角的"保存"按钮进行保存。

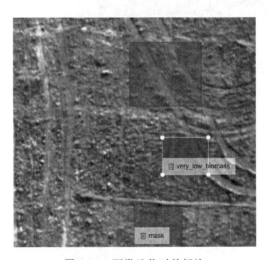

图 5-40　两类地物时的标注

按照这个流程，依次将所有 50 张图片进行标注。这一步操作类似于教小孩子识别图片的地物。

5.3.5 模型训练

① 选择"模型中心"→"训练模型",选择所建立的模型(图 5-41),将标注的数据集添加到模型中(图 5-42)。

图 5-41 训练模型

图 5-42 添加所有标签数据

② 点击"开始训练"(图 5-43)。系统将开始有关机器学习。这里忽略系统中标注类型较少的提示(图 5-44)。实际应用中,应该确保数据量充足。如果是手机用户登录,训练结束后会收到系统的提示短信(图 5-45)。

5.3.6 校验模型

选择"模型中心"→"校验模型",可以对模型进行进一步的校验(图 5-46)。

图 5-43　开始模型训练

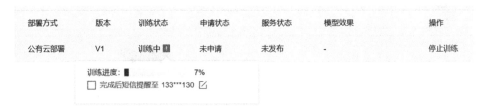

图 5-44　模型训练进度提醒

图 5-45　模型训练进度短信提醒

图 5-46　模型校验

无人机遥感与智慧农业信息提取

由于样本数据的不足，模型的精度欠佳（图 5-47）。

整体评估

作物生物量估算 V1整体效果欠佳，建议针对识别错误的图片示例继续优化模型效果。 如何优化效果？

图 5-47　模型精度整体评估

阈值达到 0.2 的识别结果被认为是正确提取，从图中可以得出精确率和召回率的调和平均数随着阈值的变化情况（图 5-48）。

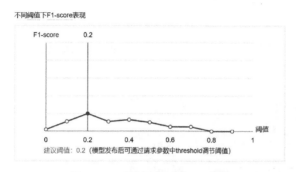

图 5-48　不同阈值下的 F1 分数

还可得出每一个标签的识别精度评价（图 5-49）。

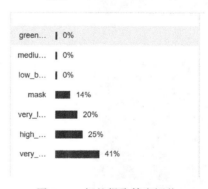

图 5-49　标签提取精度评价

5.3.7　识别未知生物量图片

选择"模型中心"→"校验模型"，将"\data\14 生物量\未知生物量农田"下的 3 景图片添加进来。系统能够自动将农田可能的生物量情况判断出来，并给出置信度情况（图 5-50、图 5-51）。

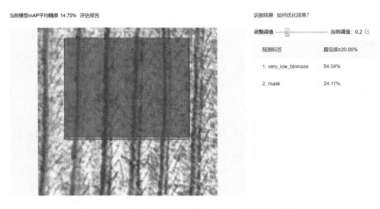

图 5-50　人工智能判断该地为极低生物量农田

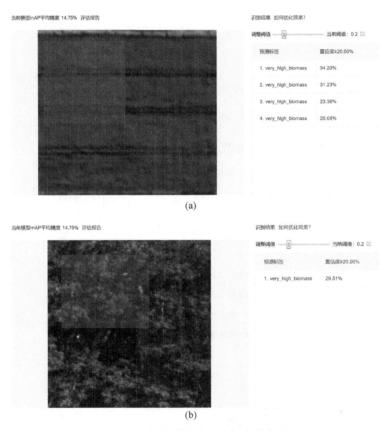

图 5-51　人工智能判断该地为极高生物量农田

第 6 章

应用实例

6.1 无人机获取数据的前期准备工作

无人机机载高光谱遥感是以无人机为平台,获取具有高光谱分辨率的遥感科学和技术,基础是测谱学。高光谱遥感数据中包含了丰富的空间、辐射和光谱三重信息,具有重要的综合应用价值。近年来,随着成像光谱技术在航空遥感领域的快速发展,这项技术成为各个领域的重要监测方法,涵盖大气圈、海洋研究、植被生态、矿产地质、水体研究、军事侦察和考古研究等领域,其应用正在步入成熟期。

为了获取更高质量的无人机高光谱数据,在项目开展前,需要做一系列的准备工作。只有充分做好准备工作,才能保证数据获取的效率和质量。一般对高光谱数据的质量要求最高,多光谱和可见光可以参考相应的思路,进行适当的取舍。相关技术细节如下。

6.1.1 项目需求设计

项目需求设计流程大致为确定无人机机载高光谱所测量的对象,针对研究对象分析其光谱特性,结合测区所处的地理地质环境,查询相关工作基础,提出合理的光谱和空间精度设计方案。主要需考虑的因素有 4 条:目标特性、测区范围、是否有历史存档数据和项目精度要求。

飞行前的地面考察任务的核心是，对测区边界进行区划，为作业高度提供参考资料，以及对道路可达性、铺布地点和基站架设位置进行可行性分析（图6-1）。

图6-1　项目需求设计前的路线踏勘

6.1.2　传感器定标

传感器定标分为实验室定标和场地定标。前者在暗室利用标准黑体和单色灯管，确定传感器的绝对辐亮度和波段响应位置；后者与无人机作业同步开展，获取已知光学参数的黑白布或者选取的定标场的光谱分布规律，标定传感器的光谱响应参数（图6-2）。

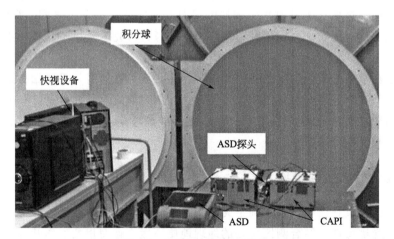

图6-2　典型传感器定标设备

6.1.3 无人机机载飞行作业

在有效的踏勘和精准的仪器支持下，可以开展进场作业。主要工作有 3 个：仪器安装、航线设计和无人机选取。仪器安装包括机载 GPS、POS 系统和传感器的安装和参数设置，航线设计所确定的飞行高度、航向和重叠率信息，直接决定所获取的高光谱数据的空间分辨率和镶嵌质量。无人机选取工作需要根据作业精度的要求，选择适当的无人机类型（图 6-3）。

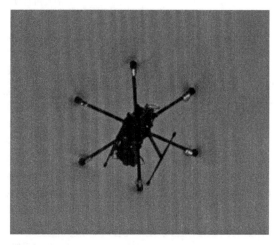

图 6-3　无人机机载飞行作业

6.1.4 地面测量

利用地面所架设的 GPS 基站，采集航空飞行期间的静态坐标，与机上 GPS 坐标差分计算后，能够显著提高几何精度。在飞机同步作业时，地面需要获取靶标的光谱数据，这一数据不仅对图像预处理意义重大，而且为辅助后续地面信息提取提供参考数据。同时，通过对采集的典型地物样品，进行理化性能分析，能够建立定量遥感反演模型。主要工作包括 5 个：基站架设、定标测量、采样、大气测量和实地验证。

地面同步数据具有以下特点。①不可重现性。飞行作业时的 GPS 卫星具有实时性，决定了静态基站和移动基站都不具有重现性；大气干扰和太阳照度具有动态性，导致地面辐射特性具有唯一性，需要同步获取地面反射数据。②数据类型多。作为无人机作业的配合工作，地面需要采集 6 大类数据，涉及文本、特殊编码和图像等多种数据类型，管理难度较大。③数据采集复杂。地面数据在辐射校正、几何校正和信息提取等后处理中都发挥着巨大作用，对数据质量的高要求使得地面每一项测量工作都有各自严格的规程，数据采集复杂度高。下面整理出无人机高光谱测量的地面同步数据详情（表6-1）。

表6-1 无人机高光谱测量的地面同步数据详情

序号	数据名称	来源	类型	作用	数据描述
1	GPS基站数据	GPS基站	*.TPS	几何校正	一般架设在测区范围以内，靠近中心点位置。通过收集航飞过程中的静态GPS卫星参数，与机上动态GPS作差分运算，提高高光谱数据的几何精度
2	地面黑白布光谱数据	ASD等地面光谱仪	ASCII	场地定标，辐射校正	在无人机过顶时同步测量地面铺设的已知反射率因子的黑、白、灰等定标布，利用辐射传输模型计算传感器入瞳处辐射亮度值
3	明暗地物数据	HySpex等地面成像光谱仪	*.IMG	场地定标，辐射校正，光谱匹配	实测两个光谱均一、面积超过4个像元的暗目标和亮目标的地面光谱反射率，计算其与图像上的辐射光谱的线性关系，进行反射率反演
4	太阳光度计数据	CE318等仪器	*.SIZ	大气校正	同步采集太阳和天空在可见光和近红外的不同波段、不同方向、不同时间的辐射亮度，计算机载作业过程中大气气溶胶、水蒸气和沙尘等成分的干扰，实现大气校正
5	角点坐标数据	Trimble等移动GPS基站	*.TPS	几何校正	针对系统性几何位置误差，航飞3横3竖共计9条测线，通过选取图像上明显的角点位置，地面实测这些角点的精确坐标，实现几何精校正
6	地面典型地物光谱数据及其元数据信息	ASD光谱数据	ASCII	光谱匹配	预先选取测区地面考察路线（原则上选垂直于测线交通方便的道路），在飞机作业于每条测线时，同步测量典型地物的反射率光谱，并记录和采集相关元数据
		野外记录表	*.DOC	信息提取	
		地物照片	*.JPG	地物识别	
		地物位置	*.SHP	图像分类	

6.2 提取反射率均值

提取一块田中每一棵树的树冠，并且计算出每一棵树的平均反射率的技术核心是：统计感兴趣区（矢量数据）下方遥感数据（栅格数据）的反射率均值。这个技术在很多领域都比较有用，比如对于城市建筑物，可以把每一个建筑物的平均反射率提取出来；对于农林业，可以把每一植株的反射率提取出来；对于水体，可以把每条河流的反射率提取出来。

6.2.1 提取树冠

（1）加载影像

选择"File"→"Open Image File"，打开数据文件（图6-4）。

（2）波段指数计算

将高光谱数据进行颜色指数计算，假设用过绿指数（2G-R-B）来计算。

选择"Basic Tools"→"Band Math"，在"Enter an expression"处，输入过绿指数，2G-R-B格式需要转换为ENVI语法"$2*b1-b2-b3$"，所有波段都需要以字母b开头，后面数字可以自拟。

点击"Add to List"，点击"OK"（图6-5）。

依次选择b1、b2、b3对应的特征波段。这里，G波段选择"band65：552.6nm"，R波段选择"band101：636.8nm"，B波段选择"band16：438.0nm"。将文件保存到"1株数和株高"文件夹中，命名为"2过绿指数计算结果"。点击"OK"（图6-6）。结果如图6-7所示。

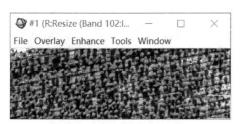

图6-4 无人机机载飞行作业

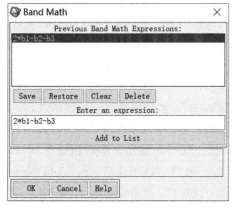

图6-5 将颜色指数模型输入ENVI中

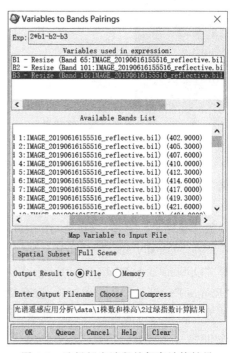

图6-6 选择相应波段并保存计算结果

（3）阈值分割

在"Available Band List"窗口中，双击"2 过绿指数计算结果"。单击右键，选择"Cursor Location Value"，查看计算结果数值（图 6-8）。

为方便查看指定像素的计算值，将十字丝调取出来。单击右键，选择"Toggle"→"Display Cross-hair"，查看计算结果数值（图 6-9）。

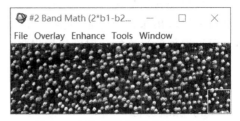

图 6-7　过绿指数模型的计算结果

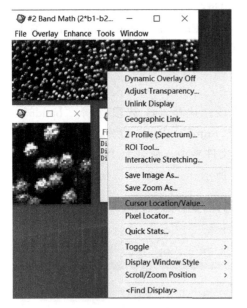

图 6-8　查看波段指数计算结果

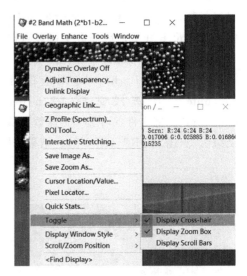

图 6-9　打开十字丝定位

拖动十字丝，寻找植被区和非植被区的灰度值差异。以过红指数计算结果为例，灰度值大于 0.08 的像素，认为是植株；反之则不是（图 6-10）。

在波段计算结果窗口中，选择"Overlay"→"Density Slice"，指定相应的指数计算结果，点击"OK"（图 6-11）。

在"Density Slice"窗口中，点击"Clear Ranges"，清除系统自动分割结果。选择"Options"→"Add New Ranges"，"Range Start"处输入最小值"－0.022274"，"Range End"处输入"0.08"，颜色默认为红色。这样，就定义像素值低于 0.08 的为非植被类。点击"OK"。继续添加植被区，选择"Options"→"Add New Ranges"，"Range Start"处输入最小值"－0.022274"，"Range End"处输入最大值"0.08"，颜色方框处，单击右键，选择绿色。这样，就定义像素值大于

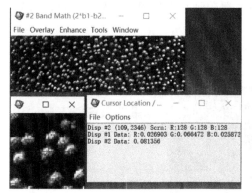
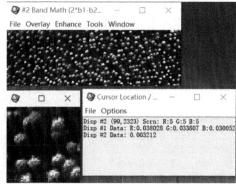

(a) 植被区灰度值　　　　　　　　　(b) 非植被区灰度值

图 6-10　对比分析阈值的选取

0.08 的为植株。点击"OK"(图 6-12)。

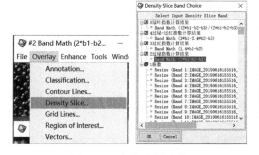
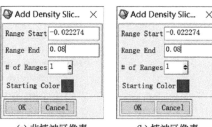

(a) 非植被区像素设置为红色　　(b) 植被区像素设置为绿色

图 6-11　密度分割窗体　　　图 6-12　设置区分植株和非植株阈值

点击"Apply"。这样,就将植株进行了背景的去除处理。注意,截至这步处理,仅仅是显示效果,而没有对波段指数结果进行实际的分类(图 6-13)。

(4)导出植株数图

选择"Classification"→"Post Classification"→"Classification to Vector"。选择"7 过绿指数后处理结果",点击"OK"。将后处理图像由栅格格式转化为矢量格式。

图 6-13　植株和非植株灰度分割结果

在"Select Classes to Vectorize"处,选择"Density slice range 0.0800 to 0.2457",仅将属于植株的像素进行矢量化。保存命名为"8 植株数目矢量图"。点击"OK"(图 6-14)。

至此，生成了单棵植株的矢量图，将其覆盖到真彩色图像上显示，可以看到提取的精度是有保证的（图 6-15）。

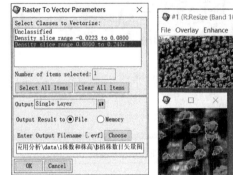
图 6-14　生成植株数目矢量图

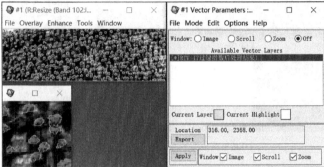
图 6-15　生成的真彩色影像

将树木冠层矢量文件保存成感兴趣 ROI 文件（图 6-16）。并选择每一个记录（树冠），单独导出一个 ROI 文件（图 6-17）。

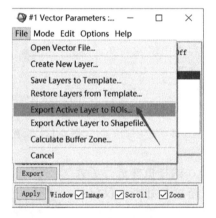
图 6-16　保存 ROI 文件

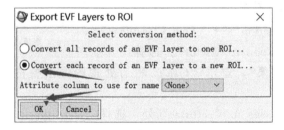
图 6-17　导出 ROI 文件

从图 6-18 可以看到每一个树冠都单独被圈出来了（图 6-18）。保存 ROI 文件（图 6-19）。

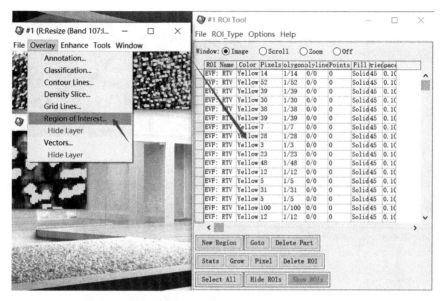

图 6-18　每棵树都变成一个感兴趣区

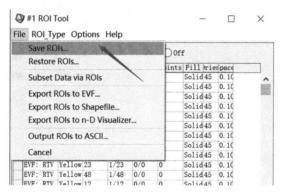

图 6-19　保存 ROI 文件

实际应用中，要不停地调整阈值，或者选择植被指数，才能更好地把每一个树冠提取出来。

6.2.2　提取每棵树的反射率均值

把 ENVI 传统界面关掉，打开新版界面。依次打开真彩色和冠层 ROI 文件，树木比较多时，打开 ROI 文件速度比较慢，需耐心等待。这里只选择了 6 棵树来计算（图 6-20）。

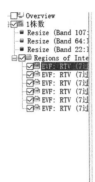

图 6-20 真彩色与冠层感兴趣区

点击感兴趣区按钮（图 6-21），并统计这 6 棵树感兴趣区的光谱信息（图 6-22、图 6-23）。

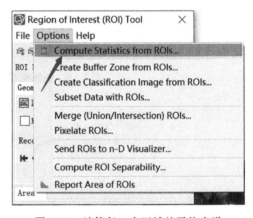

图 6-21 打开感兴趣区　　　　　　　图 6-22 计算每一个区域的平均光谱

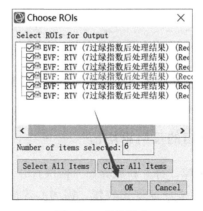

图 6-23 确认树木

这样就计算得到每一棵树的平均反射率。在 File 处保存文件（图 6-24）。

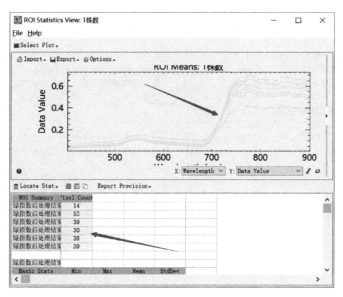

图 6-24　每一棵树的平均反射率

6.3　制作田块状遥感信息结果图

遥感图像可以看成是一个多维矩阵，每一个像素按照行号、列号和波段号进行排列。因此，提取出的结果信息也是按照像素的方式进行排列，即使是用面向对象方法的提取结果，每个图斑也是按照行列号进行排列。

很多时候，具体每个行列号位置（即像素点）的结果信息并不是重点关注对象，而是需要评价和对比每一个田块的植株信息。如小到制作田块状遥感信息，大到对比相邻几个行政区的综合信息。

在农业遥感中，对于小区域试验田信息提取，按照田块进行统计更有意义。用最大值、最小值、值域、均方根值、和值等统计值分别做试验，对比信息提取的结果，有时能得到更加深层次的信息。例如用和值统计，能够反映每一个试验田所有植株生长的综合情况。

具体制作思路是：勾画或者生成田块边界信息，选一种算法计算每一个边界内部的植株信息数据，设置级别进行制图。

6.3.1 勾画或者生成田块边界信息

① 打开 ArcGIS，加载试验数据（图 6-25）。

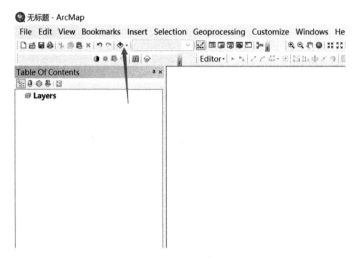

图 6-25　加载数据

② 选择叶面积指数结果（图 6-26）。

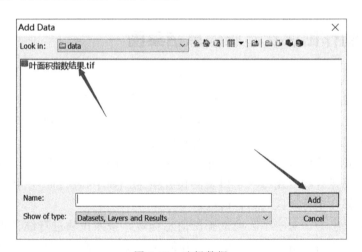

图 6-26　选择数据

因为这个数据没有空间参考信息，直接点击"OK"（图 6-27）。
图 6-28 为一块试验田提取出来的叶面积指数结果数据。
③ 新建田埂数据。
打开"Catalog"，新建一个 Shapefile 线状数据，描绘一下田埂（图 6-29）。

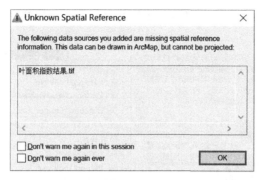

图 6-27　查看空间参考信息

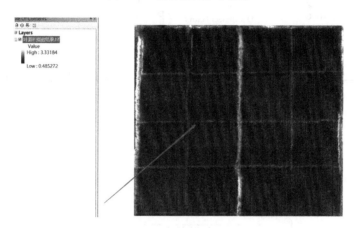

图 6-28　数据情况

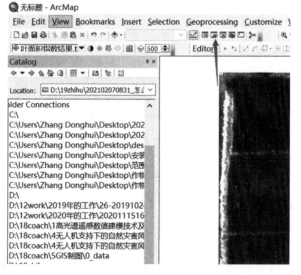

图 6-29　新建矢量数据

第6章　应用实例

尽量与遥感结果图放置在同一个文件夹内，方便数据管理（图6-30）。

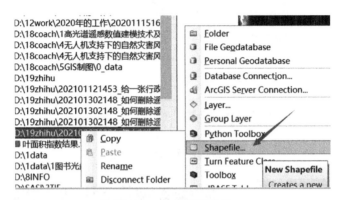

图6-30　数据类型选择

命名为"田埂"，矢量类型"Polyline"。由于没有投影信息，这里直接点"OK"。一般情况下，必须设置数据的投影信息（图6-31）。

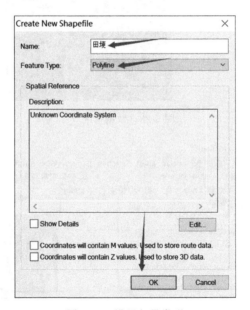

图6-31　设置矢量类型

提示没有空间参考，忽略，直接点"OK"（图6-32）。
任意位置单击右键，选择"Editor"菜单，打开编辑菜单栏（图6-33）。
点击"Start Editing"，开始编辑（图6-34）。
在图上画线，可以稍微画长一点，保证线和线之间都有相交点（图6-35）。
绘制结果如图6-36所示。

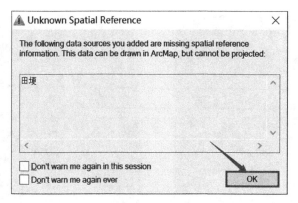

图 6-32 提示信息

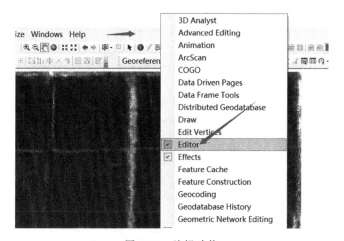

图 6-33 编辑功能

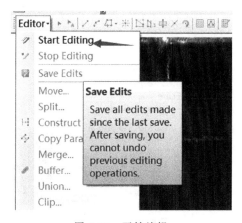

图 6-34 开始编辑

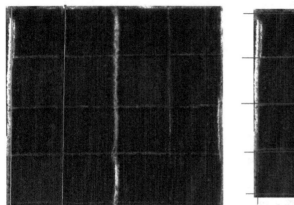

图 6-35 画线　　　　　　　　　图 6-36 绘制结果

保存编辑结果（图 6-37）。停止编辑（图 6-38）。

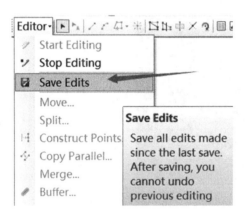

图 6-37 保存矢量数据

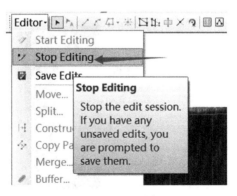

图 6-38 停止编辑

④ 线转面生成每一块田的边界。

需要将线状数据转化为面状数据，以便像素统计值的计算。打开工具箱（图6-39），找到"Feature To Polygon"工具（图6-40）。

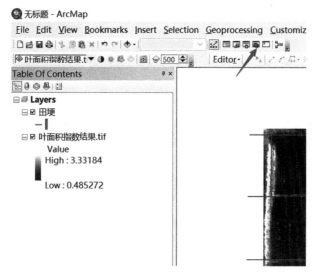

图6-39　打开工具箱

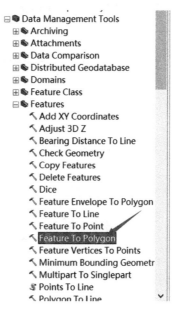

图6-40　选择工具

将田埂数据引进来，点击"OK"（图6-41）。

图 6-41 选择数据

这样就生成了田埂的面状数据结果，每一块田都有了自己的边界（图 6-42）。

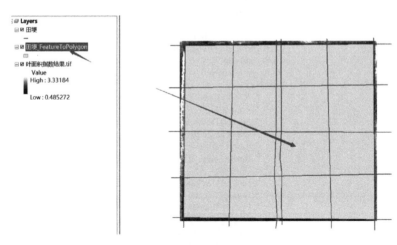

图 6-42 完成转换

6.3.2 选择算法提取边界内部信息数据

① 打开 Zonal Statistics 工具（图 6-43）。

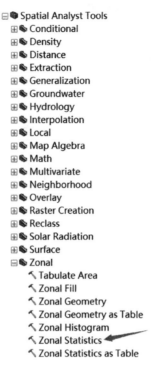

图 6-43 打开信息统计工具

② 计算区域统计值。"Input raster or feature zone data"处，选择田埂边界数据；"Input value raster"处，选择叶面积指数结果数据（图 6-44）。

包含多种区域统计方法：

MEAN：均值；

MAXIMUM：最大值；

MINIMUM：最小值；

RANGE：值域；

STD：均方根值；

SUM：和值。

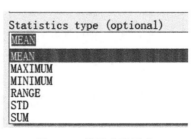

图 6-44 统计方法列表

点击"OK",计算相应的统计结果(图6-45)。

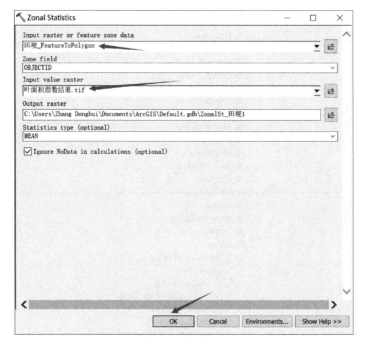

图6-45 生成统计结果

6.3.3 设置级别进行制图

田埂面状数据设置为空白,保留田埂边界线(图6-46、图6-47)。

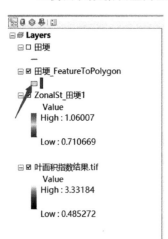
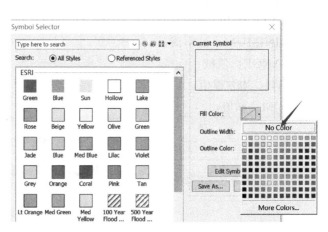

图6-46 设置填充类型　　　　　图6-47 设置为空白

设置适合的边界线颜色和线宽(图 6-48)。

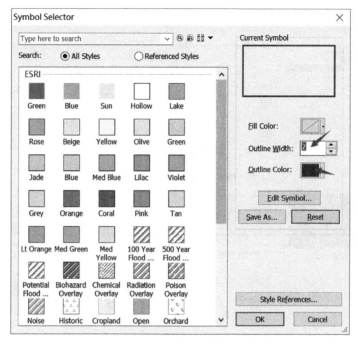

图 6-48 边界线设置

在"ZonalSt_田埂 1"数据上单击右键,选择属性(图 6-49)。

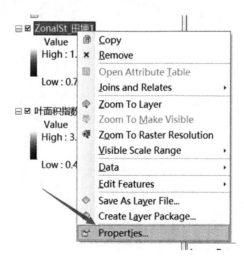

图 6-49 属性设置

第 6 章 应用实例

选择一种适合的制图方案，点击"确定"（图 6-50）。

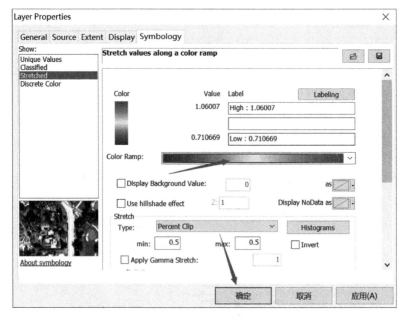

图 6-50　制图设置

最终生成田块状遥感信息结果图（图 6-51）。

图 6-51　遥感信息结果图

这里有一个较宽的田埂均值比较突出，导致田块分级不显著，可以进行进一步调整。选择不同的值填充不同的颜色（图 6-52）。得到新的结果图（图 6-53）。

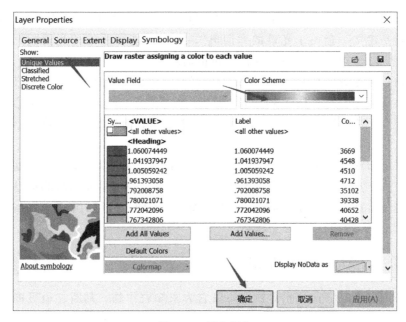

图 6-52 填充颜色

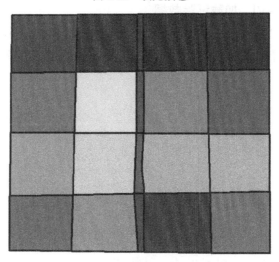

图 6-53 填充效果图

6.4 通过光谱数据比对实现陌生作物的鉴别

随着光谱数据的积累,能够形成信息丰富的光谱数据库。如果有合适的方法，能够将未知的光谱数据与库里的数据进行对比，就能够分析出大量的信息。技术思路是建立一套关于光谱的"词典"，这样就能对未知的光谱数据，通过"查找"的方式，解析出其中蕴含的有价值信息。

国内目前光谱数据获取和存储做得较好的公司是天津中科谱光信息技术有限公司，实现了光谱数据的云端存储和自动计算，代表了光谱技术的发展方向，不仅符合当今大数据的逻辑需求，大大降低化验成本；而且相关技术在军事领域和农业期货领域都能发挥巨大的现实意义。

通过已知求解未知，是自然科学界永恒的话题。通过光谱数据比对实现陌生作物的鉴别技术可以发现光谱库的作用。光谱库是一项重要的战略信息基础设施，数据越丰富，解析力就越强，光谱匹配方法不同，适用的场景有差异，需要进行科学选择。

6.4.1 获取一条未知光谱

打开图上指定位置的光谱数据，以它为未知农作物，判断它最可能的光谱类型。

（1）打开 ENVI，加载试验数据

选择"3_基础高光谱分析演示数据"作为输入文件名。弹出可用波段列表，并列出这 18 个波谱波段的名字。在文件名上单击右键，选择合成真彩色数据（图 6-54）。

图 6-54　真彩色数据合成

得到一景农田的真彩色高光谱影像，空间分辨率为 0.5m（图 6-55）。

图 6-55 合成效果图

（2）显示光谱曲线

从主影像窗口菜单中选择"Tools"→"Profiles"→"Z Profile（Spectrum）"，显示表观反射率波谱曲线（图 6-56）。

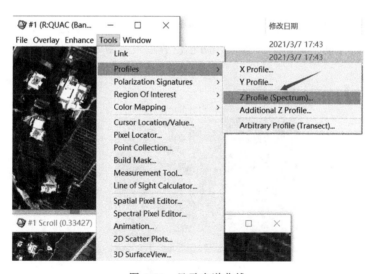

图 6-56 显示光谱曲线

（3）找出待鉴定农作物

在主显示窗口点击右键，打开像素定位器"Pixel Locator"（图 6-57）。

切换到经纬度模式（图 6-58）。输入待鉴定的作物经纬度信息：纬度"Lat"（40°7′12.61″），经度"Lon"（94°37′23.34″）（图 6-59）。

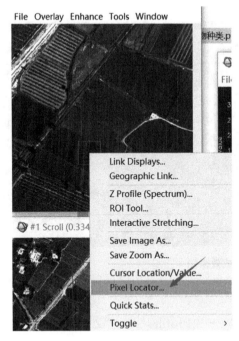

图 6-58 坐标显示模式

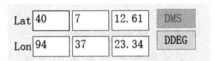

图 6-59 输入参数

图 6-57 像素定位器

在光谱数据窗口,可以看到这个经纬度下的像素号是"X:11827, Y: 609",不要再移动主窗口的红色框,防止位置丢失(图 6-60)。

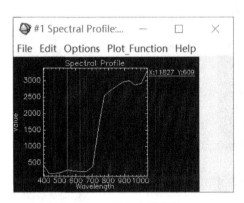

图 6-60 采集光谱数据

6.4.2 打开光谱库

从 ENVI 主菜单中选择 "Spectral" → "Spectral Libraries" → "Spectral Library Viewer"。在 "Open" 处,选择 "Spectral Library",打开几个软件自带的

光谱库（图 6-61）。

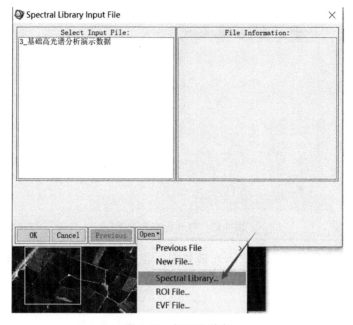

图 6-61　打开光谱库

在"veg_lib/usgs_veg.sli"子目录中，选择"usgs_veg.sli"波谱库文件，点击"打开"（图 6-62）。

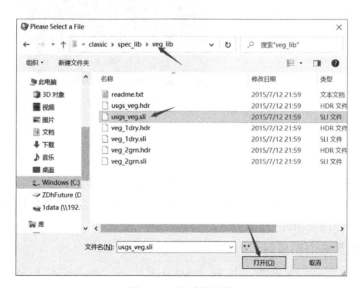

图 6-62　光谱库选择

将"usgs_veg.sli"作为指定的标准光谱库，点击"OK"（图 6-63）。

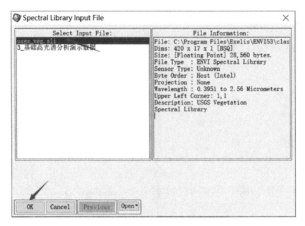

图 6-63　打开标准光谱库

单击可以查看所提供的数条光谱数据，包括白杨、杉树、草、杜松等植被（图 6-64）。

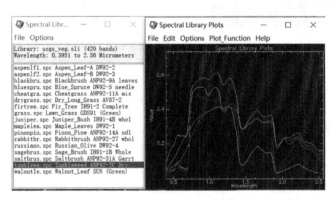

图 6-64　查看光谱库数据

6.4.3　鉴别未知农作物

ENVI 提供了一个波谱匹配工具，根据光谱库中的波谱曲线对影像中的波谱曲线进行评分。光谱分析使用多种方法产生一个在 0～1 之间的分数值，其中分数值 1 相当于完全匹配。

（1）设置方法和权重

在"ENVI"主菜单中，选择"Spectral"→"Spectral Analyst"，选择"usgs_veg.sli"光谱库（图 6-65）。

系统提供三种光谱比对的算法，分别是光谱角、光谱特征匹配和二值编码

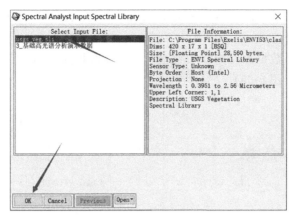

图 6-65　光谱分析

法。这里，对三种算法同时进行试验。在"Edit Identify Methods Weighting"对话框中，为每一个"Weight"文本框输入 0.33，然后点击"OK"（图 6-66）。

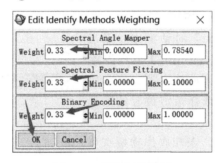

图 6-66　匹配权重设置

（2）设置波长和反射率因子

对比未知光谱数据和光谱库光谱数据，发现波长分别为 400~1000nm，以及 0.4~$2.56\mu m$；反射率为 0~10000 和 0~1，需要通过因子来调整（图 6-67）。

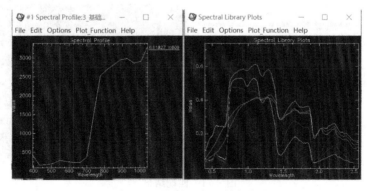

图 6-67　调整波长与反射率值域

在"Spectral Analyst"对话框中,选择"Options"→"Edit(x,y) Scale Factors"(图6-68)。

将横坐标波长数据除以1000,纵坐标反射率数据除以10000,可以与光谱库里数据进行匹配(图6-69)。

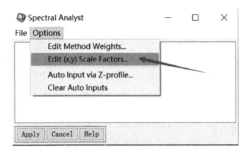

图6-68 设置比例系数

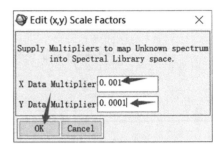

图6-69 设置比例系数数值

(3)实现未知农作物的鉴定

在"Spectral Analyst"对话框中,点击"Apply"。如果在"#1 Spectral Profile"绘图窗口中显示了多条波谱曲线,那么将会出现一个波谱曲线列表。选择指定位置的数据即可(图6-70)。

从图6-71可以看出,未知农作物最有可能是草,3种方法的鉴定分数分别为0.866、0.410和1.000,综合可能性是0.751,可以理解为有75.1%的可能性是一种草。

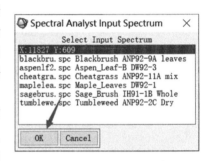

图6-70 选择未知光谱

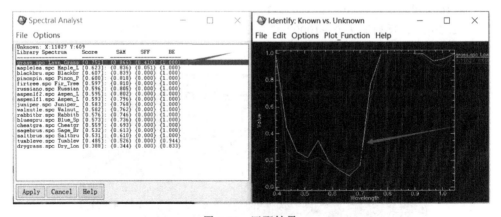

图6-71 匹配结果

6.5 "空-地"高光谱数据协同下的农作物品种精细分类

现今高光谱遥感的实际应用中,非常提倡"天空地深"一体化的应用模式。由于航天数据过顶时间和天气的不可控性,地面难以同步配合,航空(有人机和无人机)和地面平台的配合成为高光谱遥感工作中的重中之重。天、空、地、深,都有高光谱应用的需求,每一个平台上获取的光谱数据应该是互相补充、互相标定、互相提升、互相应用的关系,而不是简单的孰优孰劣。因此,对于不同平台高光谱数据之间的对比性结论,一般情况下不够合理。

航空获取面状图谱合一的数据,地面获取点状精细光谱数据。一般情况下,地面数据起到辅助航空数据的作用。这种辅助作用主要体现在两个方面:一是地面数据受大气干扰比较小,可以认为是精准光谱,从而对航空数据进行误差校正;二是地面光谱与地面化验数据的对应机理非常明确,可以在地面数据建模试验之后,应用在航空数据上,实现更加精确的定量遥感。

空中数据和地面数据结合的应用最为直观。具体项目执行过程中,有更加复杂的应用实例。例如罂粟查找、矿物探测、军事侦察等,都需要类似的应用效果。

6.5.1 "空-地"数据情况

假设在空中获取了高光谱图像数据,在地面同步采集了光谱数据。

(1)打开 ENVI,加载空中数据

选择"1_高光谱数据"作为输入文件名。弹出可用波段列表,并列出这 18 个波谱波段的名字。在文件名上单击右键,选择合成真彩色数据(图 6-72)。得到一景农田的真彩色高光谱影像,空间分辨率为 0.5m(图 6-73)。

(2)浏览地面数据

从主影像窗口菜单中选择"Spectral" → "Spectral Libraries" → "Spectral Library Builder",加载地面采集的光谱数据(图 6-74)。

图 6-72 真彩色合成

图 6-73 真彩色效果图

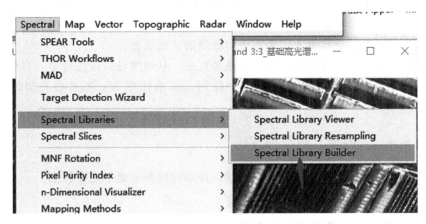

图 6-74 新建光谱库

这里将 ASD 数据全部转存为 ASCII 格式，因此，选择 "ASCII File"（图 6-75）。

图 6-75 光谱数据类型

选择"1棉花",打开光谱列表窗口(图6-76)。

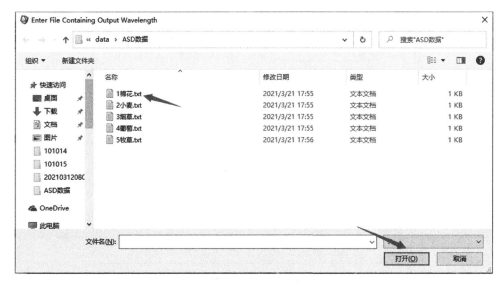

图6-76 棉花光谱

单位设置为"Nanometers",点击"OK"(图6-77)。

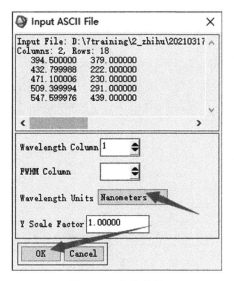

图6-77 设置单位

这里选择从ASCII数据导入地面光谱。值得注意的是,ASD直接采集的光谱数据在图6-78画圈处。

按住"Ctrl"键,将5条光谱数据全部导入(图6-79)。

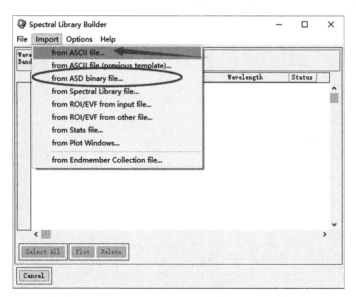

图 6-78　选取光谱数据

图 6-79　导入光谱数据

同样，将单位设置为"Nanometers"，点击"OK"（图 6-80）。

选中 5 种作物，点击"Plot"，查看地面采集的光谱数据（图 6-81）。从图 6-82 可以看出这 5 种作物的光谱存在显著的差异。

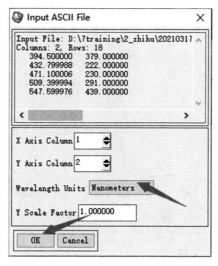

图 6-80 单位设置

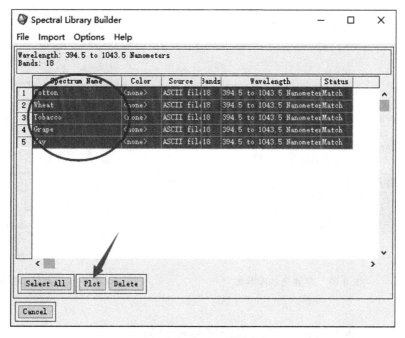

图 6-81 显示光谱数据

第 6 章 应用实例

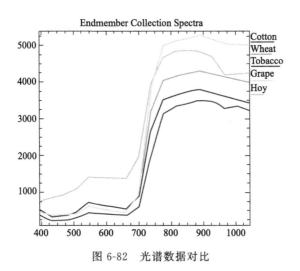

图 6-82　光谱数据对比

（3）存储为光谱库文件

将数据保存为光谱库文件（图 6-83）。命名为"5 种作物地面光谱"（图 6-84）。

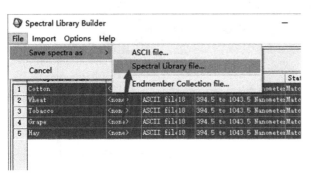

图 6-83　存储光谱库数据

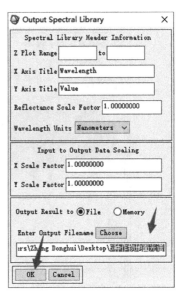

图 6-84　光谱库命名

6.5.2　基于地面数据的农作物品种分类

有了地面光谱数据，就具备了有指示信息的地物分类基础。挑选一种监督分类方法，例如光谱角方法，实现农作物的品种分类。

(1)光谱角分类

选择"Classification"→"Supervised"→"Spectral Angle Mapper"(图 6-85)。

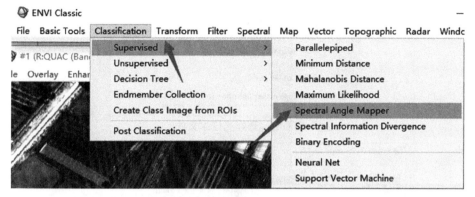

图 6-85　监督分类方法选择

待分类数据选择"1_高光谱数据"(图 6-86)。

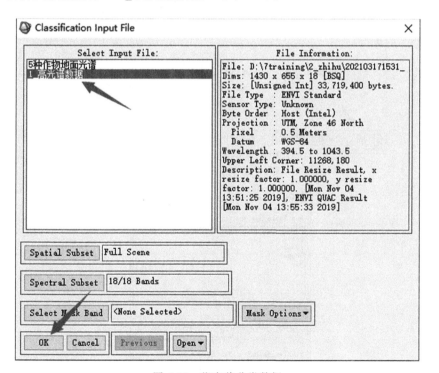

图 6-86　指定待分类数据

端元选择自己建立的光谱库文件(图 6-87、图 6-88)。
这里可以看到光谱库存储的 5 种作物(图 6-89)。

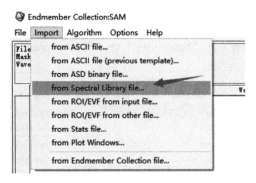

图 6-87　选择光谱库文件

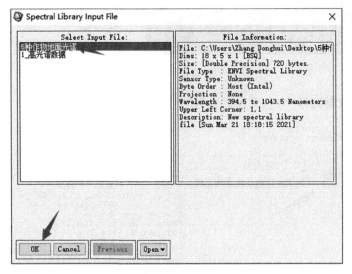

图 6-88　选择作物光谱

图 6-89　查看作物光谱数据

(2)"分类"和"信息提取"的区别

应明确"分类"和"信息提取"的概念。"分类"指的是将图中每一个像元，在一定阈值约束下，指派到最接近的类别中去，也就是说5种监督类别作物最多可以分出6种作物（第6种是不属于任何类别的像元）。而"信息提取"指的是从所有像元中，只将最接近目的类别的那一类作物归类出来，结果通常就是1种作物。

因此，当只需要提取某一种作物时，比如棉花，就只选择"Cotton"的光谱就可以了。而需要将多种作物一次性分类的话，就全部选中（图 6-90）。

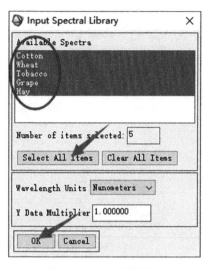

图 6-90　选择光谱端元

(3)设置结果

将 5 种作物分别设置不同的颜色（图 6-91）。提取结果将显示为指定的颜色（图 6-92）。

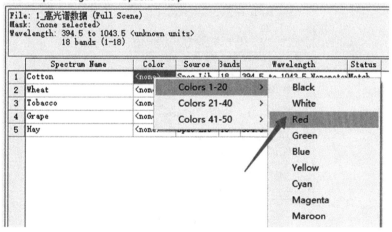

图 6-91　指定棉花显示颜色

阈值可以都选 0.1，也可以每一类自己指定。阈值设置得越严苛，提取的结果要求空地光谱的相似性越强。

将分类结果保存为"1_结果"，规则影像保存为"1结果_rule"（图 6-93）。

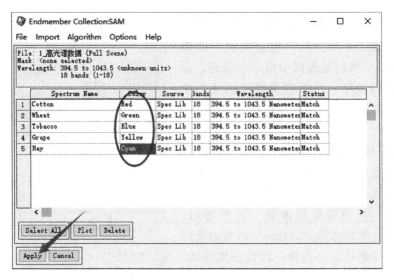

图 6-92 指定全部作物显示颜色

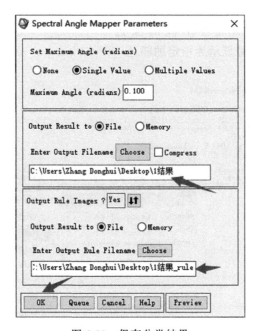

图 6-93 保存分类结果

6.5.3 结果分析

(1) 农作物分类结果

从图 6-94 可以看出，经过处理后，对一块农作物田块进行了作物品种的精细分类。部分地块呈现黑色，是因为其是温室大棚，或者水体。

图 6-94　分类结果

（2）农作物相似度结果

"rule image"是每一类计算分类结果与地面光谱数据相似程度的结果，越相似值越大。通过设置一定的色彩，可以得出更加丰富的信息。图 6-95 为小麦的相似度结果。

图 6-95　相似度计算结果

参考文献

[1] 赵必权,丁幼春,蔡晓斌,等.基于低空无人机遥感技术的油菜机械直播苗期株数识别[J].农业工程学报,2017,33(19):115-123.

[2] 陶惠林,徐良骥,冯海宽,等.基于无人机数码影像的冬小麦株高和生物量估算[J].农业工程学报,2019,35(19):107-116.

[3] 刘帅兵,杨贵军,周成全,等.基于无人机遥感影像的玉米苗期株数信息提取[J].农业工程学报,2018,34(22):69-77.

[4] 李丹,张俊杰,赵梦溪.基于FCM和分水岭算法的无人机影像中林分因子提取[J].林业科学,2019,55(5):180-187.

[5] 董新宇,李家国,陈瀚阅,等.无人机遥感影像林地单株立木信息提取[J].遥感学报,2019,23(6):1269-1280.

[6] 周华杰,刘亚东,付金东,等.基于冠层数码图像的玉米长势和氮素营养状态分析[J].青岛农业大学学报(自然科学版),2015,32(1):1-7.

[7] 冯海英,冯仲科,冯海霞.一种基于无人机高光谱数据的植被盖度估算新方法[J].光谱学与光谱分析,2017,37(11):3573-3578.

[8] 卢艳丽,王纪华,李少昆,等.冬小麦不同群体冠层结构的高光谱响应研究[J].中国农业科学,2005(5):911-915.

[9] 李赟,温小荣,余光辉,等.基于UAV高分影像的杨树冠幅提取及相关性研究[J].林业科学研究,2017,30(4):653-658.

[10] 贺英,邓磊,毛智慧,等.基于数码相机的玉米冠层SPAD遥感估算[J].中国农业科学,2018,51(15):66-77.

[11] 李宗南,陈仲新,王利民,等.基于小型无人机遥感的玉米倒伏面积提取[J].农业工程学报,2014,30(19):207-213.

[12] 周龙飞,顾晓鹤,成枢,等.倒伏胁迫下玉米抽雄期叶面积密度光谱诊断[J].中国农业科学,2019,52(9):1518-1528.

[13] 吴尚蓉,刘佳,王利民,等.基于图像和光谱技术的倒伏冬小麦产量评估研究[J].中国农业资源与区划,2013,34(1):39-46.

[14] 刘占宇,王大成,李波,等.基于可见光/近红外光谱技术的倒伏水稻识别研究[J].红外与毫米波学报,2009,28(5):342-345.

[15] 束美艳,顾晓鹤,孙林,等.倒伏胁迫下的玉米冠层结构特征变化与光谱响应解析[J].光谱学与光谱分析,2019,39(11):3553-3559.

[16] 谢新锐,顾晓鹤,林丽群,等.倒伏胁迫对水稻可视茎叶穗比率的影响及光谱响应解析[J].光谱学与光谱分析,2019,39(7):2264-2270.

[17] 朱婉雪,李仕冀,张旭博,等.基于无人机遥感植被指数优选的田块尺度冬小麦估产[J].农业工程学报,2018,34(11):78-86.

[18] 魏鹏飞,徐新刚,李中元,等.基于无人机多光谱影像的夏玉米叶片氮含量遥感估测[J].农业工程学报,2019,35(8):126-133.

[19] 孙中宇,荆文龙,乔曦,等.基于无人机遥感的盛花期薇甘菊爆发点识别与监测[J].热带地理,2019,39(4):482-491.

[20] 裴浩杰,冯海宽,李长春,等.基于综合指标的冬小麦长势无人机遥感监测[J].农业工程学报,2017,33(20):74-82.

[21] 吴琼, 齐波, 赵团结, 等. 高光谱遥感估测大豆冠层生长和籽粒产量的探讨 [J]. 作物学报, 2013, 39 (2): 309-318.

[22] 冯帅, 许童羽, 于丰华, 等. 基于无人机高光谱遥感的东北粳稻冠层叶片氮素含量反演方法研究 [J]. 光谱学与光谱分析, 2019, 39 (10): 3281-3287.

[23] 雷彤, 赵庚星, 朱西存, 等. 基于高光谱和数码照相技术的苹果花期光谱特征研究 [J]. 中国农业科学, 2009, 42 (7): 2481-2490.

[24] 田明璐, 班松涛, 常庆瑞, 等. 基于低空无人机成像光谱仪影像估算棉花叶面积指数 [J]. 农业工程学报, 2016, 32 (21): 102-108.

[25] 高林, 杨贵军, 于海洋, 等. 基于无人机高光谱遥感的冬小麦叶面积指数反演 [J]. 农业工程学报, 2016, 32 (22): 113-20.

[26] 高林, 杨贵军, 李红军, 等. 基于无人机数码影像的冬小麦叶面积指数探测研究 [J]. 中国生态农业学报, 2016, 24 (9): 1254-1264.

[27] 陈鹏飞, 李刚, 石雅娇, 等. 一款无人机高光谱传感器的验证及其在玉米叶面积指数反演中的应用 [J]. 中国农业科学, 2018, 51 (8): 1464-1474.

[28] 宋开山, 张柏, 王宗明, 等. 基于人工神经网络的大豆叶面积高光谱反演研究 [J]. 中国农业科学, 2006 (6): 1138-1145.

[29] 高林, 杨贵军, 李长春, 等. 基于光谱特征与 PLSR 结合的叶面积指数拟合方法的无人机画幅高光谱遥感应用 [J]. 作物学报, 2017, 43 (4): 549-557.

[30] 张春兰, 杨贵军, 李贺丽, 等. 基于随机森林算法的冬小麦叶面积指数遥感反演研究 [J]. 中国农业科学, 2018, 51 (5): 855-867.

[31] 张瑜, 张立元, Zhang Huihui, 等. 玉米作物系数无人机遥感协同地面水分监测估算方法研究 [J]. 农业工程学报, 2019, 35 (1): 83-89.

[32] 李贺丽, 罗毅, 赵春江, 等. 基于冠层光谱植被指数的冬小麦作物系数估算 [J]. 农业工程学报, 2013, 29 (20): 118-127.

[33] 冯禹, 崔宁博, 龚道枝, 等. 基于叶面积指数改进双作物系数法估算旱作玉米蒸散 [J]. 农业工程学报, 2016, 32 (9): 90-98.

[34] 毛智慧, 邓磊, 孙杰, 等. 无人机多光谱遥感在玉米冠层叶绿素预测中的应用研究 [J]. 光谱学与光谱分析, 2018, 38 (9): 2923-2931.

[35] 陈鹏, 冯海宽, 李长春, 等. 无人机影像光谱和纹理融合信息估算马铃薯叶片叶绿素含量 [J]. 农业工程学报, 2019, 35 (11): 63-74.

[36] 房贤一, 朱西存, 王凌, 等. 基于高光谱的苹果盛果期冠层叶绿素含量监测研究 [J]. 中国农业科学, 2013, 46 (16): 3504-3513.

[37] 陈兵, 韩焕勇, 王方永, 等. 利用光谱红边参数监测黄萎病棉叶叶绿素和氮素含量 [J]. 作物学报, 2013, 39 (2): 319-329.

[38] 郑雯, 明金, 杨孟克, 等. 基于波段深度分析和 BP 神经网络的水稻色素含量高光谱估算 [J]. 中国生态农业学报, 2017, 25 (8): 1224-1235.

[39] 朱西存, 赵庚星, 王瑞燕, 等. 苹果叶片的高光谱特征及其色素含量监测 [J]. 中国农业科学, 2010, 43 (6): 1189-1197.

[40] 王莉雯, 卫亚星. 植被氮素浓度高光谱遥感反演研究进展 [J]. 光谱学与光谱分析, 2013, 33 (10): 2823-2827.

[41] 秦占飞, 常庆瑞, 谢宝妮, 等. 基于无人机高光谱影像的引黄灌区水稻叶片全氮含量估测 [J]. 农业工程学报, 2016, 32 (23): 77-85.

[42] 刘帅兵,杨贵军,景海涛,等. 基于无人机数码影像的冬小麦氮含量反演[J]. 农业工程学报, 2019, 35(11): 75-85.

[43] 李红军,李佳珍,雷玉平,等. 无人机搭载数码相机航拍进行小麦、玉米氮素营养诊断研究[J]. 中国生态农业学报, 2017, 25(12): 1832-1841.

[44] 陈鹏飞,梁飞. 基于低空无人机影像光谱和纹理特征的棉花氮素营养诊断研究[J]. 中国农业科学, 2019, 52(13): 2220-2229.

[45] 高会,陈红艳,刘慧涛,等. 基于高光谱的鲁西北平原土壤有效磷含量快速检测研究[J]. 中国生态农业学报, 2013, 21(6): 752-757.

[46] 陈红艳,赵庚星,李希灿,等. 小波分析用于土壤速效钾含量高光谱估测研究[J]. 中国农业科学, 2012, 45(7): 1425-1431.

[47] 翟清云,张娟娟,熊淑萍,等. 基于不同土壤质地的小麦叶片氮含量高光谱差异及监测模型构建[J]. 中国农业科学, 2013, 46(13): 2655-2667.

[48] 姚霞,朱艳,田永超,等. 小麦叶层氮含量估测的最佳高光谱参数研究[J]. 中国农业科学, 2009, 42(8): 2716-2725.

[49] 田永超,杨杰,姚霞,等. 水稻高光谱红边位置与叶层氮浓度的关系[J]. 作物学报, 2009, 35(9): 1681-1690.

[50] 梁亮,张连蓬,林卉,等. 基于导数光谱的小麦冠层叶片含水量反演[J]. 中国农业科学, 2013, 46(1): 18-29.

[51] 陈智芳,宋妮,王景雷,等. 基于高光谱遥感的冬小麦叶水势估算模型[J]. 中国农业科学, 2017, 50(5): 871-880.

[52] 白丽,王进,蒋桂英,等. 干旱区基于高光谱的棉花遥感估产研究[J]. 中国农业科学, 2008(8): 2499-2505.

[53] 刘小军,田永超,姚霞,等. 基于高光谱的水稻叶片含水量监测研究[J]. 中国农业科学, 2012, 45(3): 435-442.

[54] 戴春霞,刘芳,葛晓峰. 基于高光谱技术的茶鲜叶含水率检测与分析[J]. 茶叶科学, 2018, 38(3): 281-286.

[55] 崔世超,周可法,丁汝福. 高光谱的矿区植物异常信息提取[J]. 光谱学与光谱分析, 2019, 39(1): 241-249.

[56] 李章成,周清波,吕新,等. 冬小麦拔节期冻害后高光谱特征[J]. 作物学报, 2008(5): 831-837.

[57] 谢亚平,陈丰农,张竞成,等. 基于高光谱技术的农作物常见病害监测研究[J]. 光谱学与光谱分析, 2018, 38(7): 2233-2240.

[58] 王震,褚桂坤,张宏建,等. 基于无人机可见光图像Haar-like特征的水稻病害白穗识别[J]. 农业工程学报, 2018, 34(20): 73-82.

[59] 张浩,毛雪琴,张震,等. 水稻穗颈瘟严重度的高光谱反演模型研究[J]. 农业现代化研究, 2009, 30(3): 369-372.

[60] 黄建荣,孙启花,刘向东. 稻纵卷叶螟危害后水稻叶片的光谱特征[J]. 中国农业科学, 2010, 43(13): 2679-2687.

[61] 冯伟,王晓宇,宋晓,等. 基于冠层反射光谱的小麦白粉病严重度估测[J]. 作物学报, 2013, 39(8): 1469-1477.

[62] 伍南,刘君昂,周国英,等. 利用高光谱微分指数反演油茶炭疽病病情指数的研究[J]. 中国生态农业学报, 2012, 20(6): 777-781.

[63] 陈兵,王刚,刘景德,等. 高光谱的病害棉叶光合参数提取[J]. 光谱学与光谱分析, 2018, 38

(6)：1834-1838.

[64] 乔小军，蒋金豹，李辉，等．高光谱图像识别霉变花生的光谱特征分析与指数模型构建［J］．光谱学与光谱分析，2018，38（2）：535-539.

[65] 孙钰，周焱，袁明帅，等．基于深度学习的森林虫害无人机实时监测方法［J］．农业工程学报，2018，34（21）：74-81.

[66] 马涛，郑江华，温阿敏，等．基于无人机低空遥感的荒漠林大沙鼠鼠洞分布与地形的关系——以新疆古尔通古特沙漠南缘局部为例［J］．林业科学，2018，54（10）：180-188.

[67] 温阿敏，郑江华，陈梦，等．荒漠生态林区大沙鼠鼠洞密度的无人机遥感监测技术初探［J］．林业科学，2018，54（4）：186-192.

[68] 宋以宁，刘文萍，骆有庆，等．基于线性谱聚类的林地图像中枯死树监测［J］．林业科学，2019，55（4）：187-195.

[69] 杜华强，金伟，葛宏立，等．用高光谱曲线分形维数分析植被健康状况［J］．光谱学与光谱分析，2009，29（8）：2136-2140.

[70] 王焕炯，范闻捷，崔要奎，等．草地退化的高光谱遥感监测方法［J］．光谱学与光谱分析，2010，30（10）：2734-2738.

[71] 马维维，巩彩兰，胡勇，等．牧草品质的高光谱遥感监测模型研究［J］．光谱学与光谱分析，2015，35（10）：2851-2855.

[72] 张卓，龙慧灵，王崇倡，等．冬小麦叶片光合特征高光谱遥感估算模型的比较研究［J］．中国农业科学，2019，52（4）：616-628.

[73] 赵晓庆，杨贵军，刘建刚，等．基于无人机载高光谱空间尺度优化的大豆育种产量估算［J］．农业工程学报，2017，33（1）：110-116.

[74] 陶惠林，冯海宽，杨贵军，等．基于无人机数码影像和高光谱数据的冬小麦产量估算对比［J］．农业工程学报，2019，35（23）：111-118.

[75] 唐延林，王纪华，黄敬峰，等．利用水稻成熟期冠层高光谱数据进行估产研究［J］．作物学报，2004（8）：780-785.

[76] 李振海，徐新刚，金秀良，等．基于氮素运转原理和GRA-PLS算法的冬小麦籽粒蛋白质含量遥感预测［J］．中国农业科学，2014，47（19）：3780-3790.

[77] 刘芸，唐延林，黄敬峰，等．利用高光谱数据估测水稻米粉中粗蛋白淀粉和直链淀粉含量［J］．中国农业科学，2008（9）：2617-2623.

[78] 王君杰，陈凌，王海岗，等．糜子叶片氮含量和籽粒蛋白质含量高光谱监测研究［J］．中国农业科学，2019，52（15）：2593-2603.

[79] 杨杰，田永超，朱艳，等．一种新的估算水稻上部叶片蛋白氮含量的植被指数［J］．中国农业科学，2009，42（8）：2695-2705.

[80] 冯伟，姚霞，田永超，等．小麦籽粒蛋白质含量高光谱预测模型研究［J］．作物学报，2007（12）：1935-1942.

[81] 易秋香，黄敬峰，王秀珍，等．玉米粗脂肪含量高光谱估算模型初探［J］．作物学报，2007（1）：171-174.

[82] 王秀珍，黄敬峰，李云梅，等．水稻地上鲜生物量的高光谱遥感估算模型研究［J］．作物学报，2003（6）：815-821.

[83] 柏军华，李少昆，王克如，等．基于近地高光谱棉花生物量遥感估算模型［J］．作物学报，2007（2）：311-316.

[84] 崔日鲜，刘亚东，付金东．基于可见光光谱和BP人工神经网络的冬小麦生物量估算研究［J］．光谱

学与光谱分析, 2015, 35 (9): 2596-2601.

[85] 刘畅, 杨贵军, 李振海, 等. 融合无人机光谱信息与纹理信息的冬小麦生物量估测 [J]. 中国农业科学, 2018, 51 (16): 3060-3073.

[86] 李向阳, 刘国顺, 杨永锋, 等. 烤烟叶片高光谱参数与多种生理生化指标关系研究 [J]. 中国农业科学, 2007 (5): 987-994.

[87] 孙世泽, 汪传建, 尹小君, 等. 无人机多光谱影像的天然草地生物量估算 [J]. 遥感学报, 2018, 22 (5): 848-856.

[88] 周小成, 何艺, 黄洪宇, 等. 基于两期无人机影像的针叶林伐区蓄积量估算 [J]. 林业科学, 2019, 55 (11): 117-125.